INTELIGÊNCIA EMOCIONAL NA PRÁTICA

Aprenda a desenvolver e treinar habilidades emocionais e socioemocionais em sala de aula

(Volume I)

Editora Appris Ltda.
1.ª Edição - Copyright© 2022 da autora
Direitos de Edição Reservados à Editora Appris Ltda.

Nenhuma parte desta obra poderá ser utilizada indevidamente, sem estar de acordo com a Lei nº 9.610/98. Se incorreções forem encontradas, serão de exclusiva responsabilidade de seus organizadores. Foi realizado o Depósito Legal na Fundação Biblioteca Nacional, de acordo com as Leis n.ᵒˢ 10.994, de 14/12/2004, e 12.192, de 14/01/2010.

Catalogação na Fonte
Elaborado por: Josefina A. S. Guedes
Bibliotecária CRB 9/870

F819i
2022
	Francisco, Julaine Guimarães Gonçalves
	    Inteligência emocional na prática : aprenda a desenvolver e treinar habilidades emocionais e socioemocionais em sala de aula;
	volume I / Julaine Guimarães Gonçalves Francisco.
	- 1. ed. - Curitiba : Appris, 2022.
	    171 p.; 23 cm.
	
	    ISBN 978-65-250-2188-1
	
	    1. Educação. 2. Inteligência emocional. 3. Desenvolvimento pessoal.
	I. Título.
	
	                                                   CDD – 370

Appris *editora*

Editora e Livraria Appris Ltda.
Av. Manoel Ribas, 2265 – Mercês
Curitiba/PR – CEP: 80810-002
Tel. (41) 3156 - 4731
www.editoraappris.com.br

Printed in Brazil
Impresso no Brasil

Julaine Guimarães Gonçalves Francisco

INTELIGÊNCIA EMOCIONAL NA PRÁTICA

Aprenda a desenvolver e treinar habilidades emocionais e socioemocionais em sala de aula

(Volume I)

FICHA TÉCNICA

EDITORIAL Augusto V. de A. Coelho
Marli Caetano
Sara C. de Andrade Coelho

COMITÊ EDITORIAL Andréa Barbosa Gouveia (UFPR)
Jacques de Lima Ferreira (UP)
Marilda Aparecida Behrens (PUCPR)
Ana El Achkar (UNIVERSO/RJ)
Conrado Moreira Mendes (PUC-MG)
Eliete Correia dos Santos (UEPB)
Fabiano Santos (UERJ/IESP)
Francinete Fernandes de Sousa (UEPB)
Francisco Carlos Duarte (PUCPR)
Francisco de Assis (Fiam-Faam, SP, Brasil)
Juliana Reichert Assunção Tonelli (UEL)
Maria Aparecida Barbosa (USP)
Maria Helena Zamora (PUC-Rio)
Maria Margarida de Andrade (Umack)
Roque Ismael da Costa Güllich (UFFS)
Toni Reis (UFPR)
Valdomiro de Oliveira (UFPR)
Valério Brusamolin (IFPR)

ASSESSORIA EDITORIAL Raquel Fuchs

REVISÃO Josiana Aparecida de Araújo Akamine

REVISÃO DE TERCEIRO Erika Vitoria dos Santos e Vania Lucia Bettazza

PRODUÇÃO EDITORIAL Raquel Fuchs

DIAGRAMAÇÃO Daniela Baumguertner

CAPA Sheila Alves
Gabriel Augusto Salvalagio Pereira

ILUSTRAÇÃO Gabriel Augusto Salvalagio Pereira

COMUNICAÇÃO Carlos Eduardo Pereira
Karla Pipolo Olegário

LIVRARIAS E EVENTOS Estevão Misael

GERÊNCIA DE FINANÇAS Selma Maria Fernandes do Valle

Este material é dedicado a todo profissional que pratica uma educação humanizadora.

AGRADECIMENTOS

No caminho que estou seguindo, são muitos os que honro e reverencio por todo conhecimento transmitido e que me ajudam a ser melhor. Gratidão aos meus pais, pelo incentivo aos estudos e, principalmente, à leitura durante toda a minha infância; aos meus filhos, ela por sempre acreditar em mim, ele por sempre estar por perto, ajudando-me a ter um olhar mais crítico sobre tudo o que faço; aos meus alunos, por terem compartilhado suas experiências de vida comigo, pois sem eles não teria bagagem, nem poderia saber com profundidade sobre as demandas da escola; aos meus professores do curso de Pedagogia da Universidade Estadual de Londrina, pelo despertar da pesquisa, da construção da ciência na escola e da publicação das produções, com a vontade de contribuir para a equidade dos processos educativos; ao universo, por toda inquietação interna que, desde minha adolescência, tem me inspirado na busca incessante para me tornar uma pessoa melhor e por ter me inspirado, com toda criatividade, na construção deste material.

SUMÁRIO

Introdução 13
1 Planejamento 16
2 Plano de ação 18
3 Metas 21

4 Rotina de Sucesso 25
4.1 Acordando 26
4.2 Equilibrando meu dia 27
4.3 O preparo para um bom descanso 28
5 Mindset 30

6 Como aprender mais e melhor 32
6.1 Descobrindo meu estilo de aprendizagem 33
6.2 Teste canal de aprendizagem 34
7 Aprendizagem efetiva 39

8 Inspirando o corpo e a mente 45
9 Alimentação saudável 47
9.1 Pesquisa, planejamento e ação 48
10 Atividade física 51
11 Linguagem corporal 54
12 Importância da imagem pessoal 57

13 Construindo um conceito
para prosperidade 59
14 Estudo estratégico-transformacional 61
15 Como fortalecer a mente no dia a dia 63

16 Conhecendo e estimulando os hemisférios cerebrais 67
16.1 Desenvolvendo o hemisfério direito 69
16.2 Desenvolvendo o hemisfério esquerdo 70
17 Sono: qualidade de vida e aumento de desempenho 73

18 O riso como ferramenta de alavancagem para o bem-estar emocional 75
18.1 Oficina I: relaxar, aproximar e motivar 76
18.2 Oficina II: contação de piadas 77
18.3 Oficina III: imitação engraçada 78
18.4 Oficina IV: mímica 79
18.5 Oficina V: momentos felizes e engraçados que passamos juntos 80

19 Feedback 81
19.1 Dando feedback 82
19.2 Recebendo feedback 84
20 Começando a reconhecer meu propósito 85
21 Comunicação: linguagem verbal e escuta assertiva 87

22 Autoestima 89
22.1 Autoestima por meio do autoconhecimento 90
22.2 Pequenos hábitos para aumentar a autoestima 92
22.3 Teste para verificar o nível de autoestima 94
23 Recordatório noturno 97
24 Diário da gratidão para iniciantes 101
25 Gratidão para grupos 102
26 Gratidão para encerramento de ciclo 104

27 Linguagens do amor: relacionamentos afetivos mais harmoniosos 106
27.1 Aprendendo a desenvolver e praticar 108
27.2 Teste da linguagem do amor 112

28 Conhecendo o cérebro.................117
28.1 Ensinando o cérebro a tomar novas decisões.....120
28.2 Ativando o neocórtex por intermédio
da respiração consciente.................120
28.3 Respiração consciente para a ativação
do estado de pleno potencial.................121

29 Meditação.................123
29.1 Meditação: como? Onde? Quando?.................124
29.2 Meditação: importante saber.................126
**30 Inteligência emocional: sistema
simpático e o sistema parassimpático**.................127

31 Criança interior.................130
31.1 Oficina I: música preferida da infância.................131
31.2 Oficina II: resgatando sonhos.................132
31.3 Oficina III: conte um conto.................133

**32 Humor: uma habilidade
emocional necessária**.................136
**33 Paciência: habilidade socioemocional
para relacionamentos mais saudáveis**.................139
**34 Flexibilidade comportamental:
habilidade emocional para a vida**.................142
34.1 Práticas para desenvolver flexibilidade.................144
34.2 Teste para verificar o nível de flexibilidade.................145

35 Empatia.................147
35.1 Ferramentas práticas para desenvolver
a empatia.................148
**36 Sinais visuais: aumento de foco
e desempenho**.................150

37 Rotina de ensino on-line e híbrido 152
37.1 Melhorando o desempenho no ensino
on-line e híbrido 153
37.2 Checklist para os momentos de estudo 155

38 "QI" e "QE" devem andar juntos 156
38.1 Práticas para ampliar o "QE" 157
38.2 Práticas para ampliar o "QI" 158

39 As emoções afetam a aprendizagem 159
39.1 Exercendo o autoconhecimento para
melhorar a inteligência emocional 160
39.2 Complete as frases 160

40 Autoavaliação 162
40.1 Benefícios de fazer autoavaliação
na prática da sala de aula 163
40.2 Descomplicando a autoavaliação 163
40.3 Relacionamento / Indisciplina 165
40.4 Participação e envolvimento 165
40.5 Avaliação de desempenho
cognitivo-pessoal 166

Referências 168
Referências bibliográficas consultadas 170

INTRODUÇÃO

Este material, construído com pesquisas na neurociência, na programação neurolinguística, nos processos do coach, nos estudos da epigenética, na psicologia positiva e na inteligência emocional, almeja inspirar e contribuir com práticas metodológicas e com a implementação das habilidades emocionais em espaços nos quais a educação é o foco.

As ferramentas visam contribuir e fornecer orientações aos profissionais da educação, como professores, pedagogos, coaches e terapeutas de relacionamento, dentre outros profissionais, para que sejam transformadores de paradigmas, estimuladores do autoconhecimento e apoiadores de uma educação transdisciplinar para a construção de um indivíduo que se desenvolva em potencial pleno nas capacidades cognitivas, intelectuais e emocionais. Sendo capaz de saber escolher o que pensar e sentir, bem como entender as decisões e escolhas, compreender e perceber que as atitudes e formas de agir são influenciadas pelas emoções.

A inteligência emocional deve ser desenvolvida nos espaços educacionais formais e informais. A alfabetização, para alcançar tal conhecimento, deve ser ajustada para que os discentes compreendam as emoções e o impacto delas na vida diária. Por isso, é primordial desenvolver essas habilidades desde cedo por meio da educação transdisciplinar. A educação deve estar alinhada com as demandas do mundo de hoje e com a Base Nacional Comum Curricular[1], a BNCC, que, a partir de 2020, passou a incluir as competências socioemocionais.

---

[1] BASE NACIONAL COMUM CURRICULAR. Disponível em: http://basenacionalcomum.mec.gov.br/. Acesso em: 10 jan. 2020.

Assim, a construção de habilidades socioemocionais irá contribuir para a formação de um indivíduo pleno, em que serão considerados todos os seus potenciais cognitivos e emocionais. Essa integração acarretará a construção de um novo modelo mental.

A neurociência comprova que o cérebro tem grande capacidade de aprender e se adaptar aos novos conhecimentos por meio de treinamento e de desenvolvimento de habilidades. Esse processo resultará na construção de novos hábitos e formas de pensar, que levarão a novas formas de agir. Desse modo, o cérebro vai desenvolver uma capacidade de entender, interpretar e ter autocontrole sobre as emoções, criando um modelo mental mais saudável e assertivo.

As habilidades emocionais são os pilares da inteligência emocional e destacam-se como autoconhecimento, autocontrole, consciência social, habilidade de relacionamento e de tomada de decisões com responsabilidade. Observando os princípios apresentados pela organização *Collaborative for Academic, Social and Emotional Learning* (Casel)[2], entendemos que:

- Autoconhecimento pode ser considerado como autoconsciência, trata-se da capacidade de reconhecer e de compreender pensamentos, sentimentos e emoções que estão determinando na forma de agir no mundo. Quando se é capaz de perceber isso no outro, também é possível identificar os pontos que estão fortes e os que precisam ser melhorados.

- Autorregulação ou autogerenciamento é a capacidade de reação consciente nas tomadas de decisões e controle dos impulsos negativos gerados pelas emoções em diferentes situações. Por meio da autorregulação, o indivíduo consegue se manter mais motivado, perseverante e lida melhor com as frustrações.

- Consciência social é a capacidade de observar e compreender como é que o outro faz a leitura de mundo por meio de seus modelos mentais. Assim, não julga e consegue colocar-se no lugar do outro, lidar com as diferenças e respeitar a diversidade, além de compreender as normas sociais, éticas

---

[2] Sediada em Chicago, nos Estados Unidos, a Casel se tornou uma das principais autoridades no avanço da aprendizagem socioemocional em educação.

e os comportamentos, já que consegue ter uma linguagem corporal mais aberta, pois sabemos que o corpo expressa muitas emoções por meio de movimentos e expressões faciais. Esse controle leva a uma comunicação mais assertiva e menos violenta.

- Habilidades de relacionamento estão relacionadas à capacidade de saber ouvir de forma eficaz, saber expressar-se de forma mais objetiva e compreender qual é o melhor momento para falar. Essa habilidade possibilita o trabalho em equipe, a capacidade de gerenciar conflitos, pedir e oferecer ajuda quando necessários. A tomada de decisão responsável é uma habilidade que deve ser treinada. Fazer escolhas com consciência ética não prejudicará o outro e fortalecerá a interação e integração entre os indivíduos.

As metodologias e práticas de ensino propostas aqui têm como objetivo construir e aumentar a capacidade de uma educação completa. Desse modo, nós, educadores, sempre devemos nos perguntar:

- Qual é a educação que vou oferecer?

- Quais habilidades cognitivas e emocionais preciso desenvolver nesse grupo?

- O que irá facilitar o processo para que se possa realizar a alfabetização intelectual e emocional?

1

PLANEJAMENTO

O planejamento é uma ferramenta de organização que define prioridades, isto é, ajuda a manter o foco nas ações, sendo mais efetivo. Planejar significa traçar objetivos, escolher qual é o melhor caminho para trilhar. Quando organizamos o tempo, fazemos previsões, definimos objetivos e traçamos ações para alcançar o que queremos. Desse modo, temos a oportunidade de saber onde estamos e qual será o próximo passo.

Com o planejamento, é possível ter um controle maior das ações e do tempo que serão postos em prática para concretizar as metas, sendo possível observar, semanalmente, quais ações foram concretizadas e quais necessitam de ajustes ou mudanças.

Isso posto, o planejamento requer alguns questionamentos para orientar as ações. São eles:

- Para onde quero ir?

- O que estaria sentindo se já estivesse lá?

- O que estaria fazendo?

- O que teria conquistado?

Perguntas poderosas devem ser feitas para todo momento que deseja planejar. Para fazer um planejamento de vida é necessário decidir o que se quer para a vida material, relacionamento, amigos, saúde, vida acadêmica ou profissional.

É importante compreender que o planejamento para um mês ou uma semana diminui a procrastinação, bem como gastos de energia em coisas não essenciais. Isso garante eficácia e leveza, pois a rotina ficará menos tensa já que se sabe o que irá fazer, como irá fazer e quando irá fazer.

O planejamento funciona para todas as áreas da vida e se consegue um melhor desempenho para conquistar os sonhos. Embora demande tempo, torna-se uma garantia de que o foco não será perdido, já que o direcionamento nas coisas que são importantes para o desenvolvimento e o alcance do alvo estará bem organizado.

Mas, como deve ser a execução de um planejamento adequado e possível? Para o desenvolvimento de um novo projeto é necessário separar um momento para as seguintes reflexões:

- O que fazer?

- Como fazer?

- Quando começar a fazer?

- Onde?

- Do que se precisa?

- Quanto tempo para fazer?

Anote tudo e, a partir daí, comece a colocar prazos para que tudo ocorra com sucesso. Em seguida, parta para o seu plano de ação.

2

PLANO DE AÇÃO

Os objetivos de um plano de ação recaem na organização de um planejamento efetivo, só assim é possível alcançar as metas. O plano de ação permite uma maior aproximação com a meta. Em cada fase da vida temos sonhos diferentes que queremos conquistar, assim, precisamos descobrir a fórmula do sucesso. Uma maneira para descobrir a fórmula do sucesso, ou seja, aquilo que funciona para cada um, é criar um plano de ação.

Para começar, é necessário iniciar os dias com uma rotina, aquela em que se está focado no que é essencial. Uma organização do dia faz com que não se consuma a energia total. O plano de ação para grupos deve levar em consideração ações em que todo participante do grupo tenha possibilidade de executar. Caso seja individual, não se deve sugerir ações ao outro, mas fazer questionamentos para que ele pense no que seria possível, pois se a ideia parte dele mesmo tem mais chances de alcançar o objetivo sonhado.

O plano de ação deve ser iniciado individualmente, cada um deve escolher um momento em que fez algo que deu certo, isso irá motivar as descobertas e direcionar os passos no caminho para o sucesso, tudo deve ser anotado:

- O que fiz e deu certo?

- Como fiz e tive resultado mais rápido?

- O que consigo fazer bem no meu cotidiano?

Assim que terminar de anotar tudo, vá para o próximo passo:

- O que eu fiz que me atrapalhou e me atrasou?

- Nesse novo projeto, eu teria possibilidade de fazer diferente?

Só construa um plano de ação semanal, quinzenal ou mensal depois de ter respondido a essas perguntas poderosas. Anote as ações do mês, depois as divida semanalmente. Isso o aproximará mais da meta. Deve-se manter sempre os seguintes questionamentos:

- O que vou fazer?

- Como vou fazer?

- Quando vou começar?

- A quem vou procurar e do que vou precisar?

Ao construir metas, cujo alcance pode levar anos, deve-se construir, também, submetas, ou seja, uma meta menor que irá direcionar melhor a conquista do que se deseja. Exemplos: "eu quero entrar na faculdade, mas ainda estou cursando o ensino médio"; e "eu quero ter um trabalho onde eu seja feliz, tenha sucesso e ganhe para viver bem, mas ainda não tenho idade para trabalhar".

O que se deve fazer para conquistar os sonhos? Aqui entram mais submetas. Para conquistar o sonho de entrar na faculdade, deve-se estudar, ler bons livros, fazer algum curso que ajude a passar no vestibular ou que ajude na conquista de um trabalho dos sonhos, mesmo sem precisar ir para faculdade. Poderíamos colocar vários exemplos aqui, relacionados ao público e às situações em que esse público vive. Nesse momento, traçam-se metas pessoais, ou metas para um grupo específico em sala de aula, na escola, ou em empresas.

As perguntas poderosas devem ser feitas para cada meta que se deseja alcançar. É importante observar que para cada meta se tem uma ação, e isso deve ficar claro e ser anotado constantemente para que se possa checar, rever os avanços e pontos que precisam ser melhorados.

Para checar o plano de ação, é preciso:

- Olhar as anotações com frequência e comemorar o que conseguiu realizar.

- Verificar o que não conseguiu e o porquê. Observar se foi por procrastinação.

- Atentar ao motivo do adiamento e fazer os ajustes necessários para atingir as conquistas.

- Listar novamente o que deve ser feito na semana seguinte. Coloque isso no papel e deixe no lugar visível, isso diminuirá a chance de procrastinação.

- Anote sempre as ideias que forem surgindo, isso pode substituir aquilo que não está dando certo.

- Questione seu *mindset*, isto é, seus modelos mentais, e verifique o que está atrapalhando.

- Coloque ordem nas ações, isso direciona o trabalho.

Plano de ação pronto. Leia as ações, verifique se a sensação é de conforto ou desconforto diante de cada uma delas. Se o desconforto for muito grande, as chances de conquista serão menores. Talvez seja o momento de colocar uma ação menor ou trocá-la. Caso as ações sejam muito confortáveis, é possível que as metas não sejam alcançadas. A sensação deve ser de motivação e de desafio. Isso vale para o plano de ação individual e para o plano de ação em grupo.

Uma dica importante: ao construir um plano de ação em grupo, empresa ou escola, deve-se escolher uma pessoa para anotar as ações colocadas pelo grupo e, depois, escolher as melhores ações juntos. Isso acarretará melhor resultado.

3

METAS

As metas são objetivos quantificados específicos. Elas são de vários tipos, fazem referência às diferentes áreas da vida. Podem ser pessoal, na área da saúde física, mental e emocional, podem ser pensadas como uma habilidade para melhorar e organizar o tempo e a qualidade de vida, podendo, também, ser um projeto de vida profissional, como trocar de carreira, aquisição de bens materiais, passar no vestibular ou em concurso, entre tantas outras.

Devemos entender que se existir autocontrole, equilíbrio emocional e uma melhor comunicação isso contribuirá para alcançar as conquistas. Desse modo, podemos pensar em desenvolver metas que ampliem a inteligência emocional.

As metas podem ser semanais, mensais ou trimestrais. No entanto, precisam ser checadas semanalmente para que possam ser ajustadas. A meta desenvolve a competência, isso acontece com o treinamento da habilidade que, consequentemente, leva a uma meta estratégica que direcionará onde se deseja chegar.

As submetas podem ajudar um estudante ou um grupo de estudantes a se manter motivado, porque são menores e mais fáceis. Elas são os primeiros passos para alcançar a grande meta. Quando temos uma meta muito grande, ou quando a nossa meta leva alguns anos para a concretização, é necessário dar passos pequenos. Assim, ficaremos motivados a curto e a médio prazo. Metas são um mapa e existem para auxiliar no planejamento de algo que foi estabelecido, isto é, um objetivo futuro que pode abranger qualquer área da vida, ou várias ao mesmo tempo.

As metas podem ser diferenciadas da seguinte forma:

- Estratégica ou desenvolvimento: onde eu quero e desejo chegar. Trata do futuro e pode demorar algum tempo.

- Competência ou performance: o que será feito, o que é preciso desenvolver para atingir o que se quer.

Ao buscar uma meta, deve-se perguntar:

- Qual qualidade que já possuo ajudará nessa meta?

- Qual é a competência que eu tenho que já me ajuda agora?

- Qual habilidade ainda não possuo e que se houver treino me ajudará na conquista?

- Qual é a competência que devo trabalhar?

- Quais requisitos prioritários estão faltando?

- Qual requisito prioritário já tenho que me ajuda a desenvolver minha meta?

- Quais as competências que poderiam ajudar na conquista dessa meta mais rapidamente?

- Quais as qualidades e competências elencadas podem ter maior impacto na conquista?

A partir desses questionamentos, é possível escolher e delimitar o que fazer. Uma meta funciona melhor quando estabelecemos alguns requisitos prioritários. Podemos destacar a especificidade, a mensuração, se é atingível, relevante e temporal. Conforme a metodologia Smart Metas[3], para cada meta estabelecida, deve-se verificar os seguintes requisitos:

- Especificidade: conferir se é específica naquilo que quero, se está claramente definida. Aqui deve ser possível apontar os detalhes.

---

[3] LUZ, 2017.

- Mensuração: é a verificação dos resultados, medição das conquistas e avaliação do que ainda falta.

- Atingível: compreender que em algum momento se conseguirá atingir, não será nem fácil, nem tão difícil.

- Relevante: ter consciência de que isso importa, trará resultados e fará toda a diferença.

- Temporal: qual será o tempo necessário para atingir a meta. Deve ser estabelecido um prazo dentro do cronograma, seja uma semana, um mês ou um ano, a fim de marcar um prazo para que aconteça.

Dicas para a escolha das metas:

- Pensar nas metas e sentir felicidade significa que está no caminho certo.

- Visualize a conquista, o que acontecerá naquele momento? Onde estará? Com quais pessoas irá conversar? Qual é o estilo de roupa que irá usar?

Observe o lugar onde está, perceba quais os sentimentos nesse momento. Isso ajudará a encontrar a meta certa e a mudança de modelos mentais.

Como atingir as metas com maior facilidade:

- Plano de ação: para não desviar, manter sempre à vista, anotado em um caderno ou em uma folha. Carregue-o com você diariamente para que possa olhar algumas vezes durante o dia.

- Definir as tarefas semanais e cumprir os horários para fazê-las.

- Colocar datas e prazos claros.

- Agendar os sonhos é importante, pois sonhos sem data de agendamento não acontecem.

- Verificar o que é prioridade, não foque nos acessórios.

- Manter a meta original mesmo que considerada grande, pois se é o sonho poderá encontrar submetas para atingir a conquista.

Benefícios de se ter metas:

- Torna seus sonhos possíveis.

- Realiza mudanças em áreas da vida com mais facilidade.

- Diminui a procrastinação, aprende a tomar decisões mais rapidamente.

- Aumenta a motivação.

- Amplia a autoconfiança.

4

ROTINA DE SUCESSO

A rotina de sucesso aumenta o nosso estado de felicidade, organiza o dia e energiza. O foco e a concentração são alimentos para que o alvo seja atingido. Essa prática deve ser organizada e aplicada por três meses, pois assim será mais efetiva e construirá um novo modelo mental diante das novas ações e posturas.

A rotina de sucesso não deve ser o mesmo modelo para cada pessoa. Somos indivíduos únicos e temos ideais e hábitos diferentes uns dos outros. Assim, a rotina de sucesso deve ser criada individualmente, deve ser pessoal. O ritual diário que inspirará seu corpo e mente é exclusivo, já que cada um tem necessidades, hábitos e gostos diferentes. Por outro lado, deve-se levar em consideração que a ideia mestra é a mesma, ou seja, organizar o dia retirando o que rouba energia. Procure, constantemente, perguntar-se:

- O que me rouba energia?

- O que me distrai?

- O que me dá energia?

Uma nova rotina leva entre 20 até 30 dias para se tornar um hábito. O treino garante efetivação e resultados diferentes dos antigos. Prepare-se, o cérebro no início de qualquer atividade diferente gasta mais energia, então, ele irá procurar um mecanismo para fazer acontecer a procrastinação como forma de proteção.

Cada atividade nova iniciada demanda mais energia. Em virtude disso, o tempo de adaptação é necessário para que o cérebro reconheça essa atividade e comece a executá-la no piloto automático. Com o passar dos dias, o seu cérebro se acostumará a fazer conexões com as novas redes neurais, gastará menos energia e você colherá novos resultados que foram previamente determinados pela sua escolha de criar uma rotina de sucesso.

Rotina de sucesso é aquela em que se começa o dia inspirado e energizado e termina com energia e inspiração. As ideias sugeridas deverão ser adaptadas aos seus horários, hábitos e atitudes que dão certo deverão ser mantidos.

4.1 Acordando

São os primeiros 30 minutos do seu dia que irão determinar toda sua energia, disposição e alegria para o dia todo. Isso significa que se focar nesses primeiros minutos após acordar, poderá ter resultados maravilhosos. É necessário inspirar a mente e o corpo.

Exercícios de respiração consciente são uma boa forma para começar o dia, trazem benefícios fisiológicos por 24 horas[4].

Exercícios de gratidão aumentam o nosso estado de felicidade. Nesses momentos, o nosso corpo estabiliza e amplia a produção de hormônios do bem-estar[5].

A inalação com óleos essenciais é importante para energizar, inspirar, aumentar a concentração, além de reequilibrar o seu dia. Isso ocorre por meio da inalação, que atinge diretamente o sistema límbico em que estão registradas todas as memórias e experiências que desencadeiam seus estados emocionais. Os óleos vão ajudá-lo a controlar e equilibrar as emoções diárias.

A imagem pessoal também é muito importante. Fazer uma higiene, manter cabelos cuidados, dentes escovados, escolher roupas confortáveis que se adequam ao estilo pessoal e aumentam a autoestima corroboram o sucesso. Não se pode descuidar da aparência, pois ela ajuda na autoconfiança e, com certeza, passa uma mensagem positiva que engloba a comunicação verbal e o comportamento

---

[4] Consulte o sumário.

[5] Temos sugestões de materiais para dar início ao processo, confira no sumário.

individual. É importante perguntar a si mesmo se a mensagem transmitida é aquela que deseja.

Atividade física em todas as etapas da vida é primordial. Precisamos ter cuidados especiais com o nosso corpo. Organize um movimento diário ou, no mínimo, por três vezes semanais. Pode ser algo pago, no entanto, existem muitas formas de se fazer atividade física sem gastar muito ou gastando nada.

O problema aqui não é o dinheiro e sim o seu tempo e saúde. Durante a atividade física são liberados hormônios do bem-estar e isso ajuda substancialmente na melhora do humor, além de aumentar a energia, garantindo um corpo mais flexível e saudável para seu futuro.

Outro fator importante é a alimentação saudável. Bons hábitos trazem disposição e energia. Sabemos que no intestino é produzida a maior parte da endorfina e da serotonina, os hormônios responsáveis pela sensação de bem-estar. Assim, tendo o intestino saudável, são maiores as chances de produzir esses hormônios.

Não se esqueça de inspirar o corpo e a mente com uma frase ou uma palavra que pode ser o seu mantra pessoal. Assistir a um vídeo curto, ouvir um áudio ou visualizar frases e imagens que inspirem o seu dia são formas de ajudar na mudança do modelo mental. O cérebro está acostumado a focar em tudo o que é negativo, nesse momento você está ensinando seu cérebro a focar naquilo que você deseja sentir, pensar e agir.

4.2 Equilibrando meu dia

Logo após o almoço, muitas vezes, sentimo-nos cansados e indispostos. Para revitalizar as forças podem ser necessários apenas dez minutos. Parar um pouquinho pode trazer uma tarde melhor, mais energizada e com melhor desempenho.

Respiração consciente: nesse momento, ajudará a manter o foco no que é essencial no período vespertino, diminuirá o estresse, dissolverá a irritabilidade e a raiva, eliminando as emoções negativas adquiridas durante a manhã.

Além das possibilidades anteriores, ouvir uma boa música, aquela que ama, é uma forma de relaxar e encontrar mais equilíbrio para uma tarde melhor. Se possível, ajudará muito parar por alguns instantes o que está fazendo e sair para uma breve caminhada. Nesse caminho, poderá observar e contemplar o que encontrar, ter contato com a natureza sem o uso da tecnologia, apenas contemplar a beleza e ficar no momento presente. Todas essas ações simples trazem relaxamento e tranquilidade para continuar a sua tarde.

4.3 O preparo para um bom descanso

A noite está chegando, é preciso recompor as energias para garantir uma noite de sono excelente. Durante o sono, o corpo descansa, organiza e se autocura. As horas de sono devem ser observadas levando em consideração a idade. Quantas horas de sono seriam essenciais para que o corpo pudesse fazer todo esse processo? Vamos propor algumas ações.

Um banho relaxante acalma e prepara para ter um bom sono. Além disso, uma alimentação bem leve, duas horas antes de ir para cama, ajuda o corpo de forma positiva a descansar, já que não necessitará passar a noite fazendo a digestão e terá tempo para a autocura e para se organizar. Deve evitar de se alimentar perto da hora de dormir.

A tecnologia no quarto é um perigo. Assim que possível, não tenha TV ligada no seu quarto e nem vá para cama com o celular. Deixe as tecnologias pelo menos uma hora antes de dormir, pois sabemos que a luz dos aparelhos estimula o cérebro, como se fosse a luz solar despertada para o dia, o que contribuirá com a demora em pegar no sono. Em consequência, poderá ter uma noite agitada e pouco regeneradora.

A respiração consciente[6] pode ser usada nesse momento muito especial. Limpar-se da maioria das emoções negativas do seu dia é um grande aliado do sono. Coloque uma música de fundo e aproveite esse momento para se preparar para o seu sono.

A inalação com óleos essenciais específicos para melhorar o sono é uma boa opção, ajudando a acalmar e relaxar.

Ao final, o recordatório noturno cria a oportunidade de agradecer pelas pequenas belezas que aconteceram no seu dia, por algo do passado ou, ainda, aquilo que deseja para seu futuro. As anotações diárias, ou três vezes por semana, tornam-se uma expressão de

---

[6] Consulte a respiração consciente no sumário.

gratidão e proporcionarão um momento de conexão com o seu "eu" interior. Aliado à gratidão, o momento de oração é indispensável para encerrar o dia. Aplicar algo da sua religião, caso tenha, é importante, mas a oração pode ir, além disso, sendo inspirada no coração. É possível construir uma oração pessoal, se for o caso.

5

MINDSET

O *mindset* é constituído por padrões de pensamentos. É a forma como se vê, como se interpreta e como se tomam as ações no mundo. O modelo mental (*mindset*) é construído de 0 aos 7 anos, momento em que a mente analítica começa a atuar. Mente analítica é aquela que julga o certo e o errado, possui uma vibração. Isto é, uma frequência cerebral em que as ondas cerebrais são diferentes do período etário citado anteriormente. Nesse período, o indivíduo aceita tudo exatamente como é, não há questionamentos.

Todas as experiências na família, na escola, nos grupos sociais com quem se convive, sejam elas positivas ou negativas, aquelas que geram traumas e bloqueios emocionais, criam crenças que podem ser limitantes, sabotadoras ou fortalecedoras, inspiradoras e positivas. É muito importante sabermos que toda forma de pensar, sentir e agir é baseada e associada às experiências que aconteceram nesse período.

Constrói-se a crença de que é fácil ou difícil ser feliz, ser saudável, conquistar os sonhos, ter bons relacionamentos e, ainda assim, possuir dinheiro. Por isso, é importante ter conhecimento do modelo mental implantado para que se possa reprogramar.

Modelos mentais se tornam inconscientes e nos afetam em 95% da nossa forma de viver. Precisamos ter modelos mentais mais empoderados. Para isso, podemos treinar o cérebro e o corpo. A neurociência comprova que nosso cérebro é plástico, por conseguinte, tem a capacidade de se adaptar e aprender habilidades e competências novas em todo o momento e em qualquer idade. Apresentaremos a seguir algumas formas para dar início a uma mudança e adquirir um novo modelo mental.

Pergunte-se:

- O *mindset* que possui hoje vai levá-lo para onde deseja ir?

- O *mindset* que possui agora, na maioria do tempo, está trazendo pensamentos, sentimentos e sensações felizes?

- Que *mindset* gostaria de ter?

Para esse exercício, tire um tempo de qualidade. Fique em um lugar tranquilo para poder refletir e anotar tudo para, depois, partir para a ação.

Pode-se começar a ação com um quadro de ideias. Registre tudo que pensar, qualquer ideia é bem-vinda nesse momento. Não se preocupe se aparecerem ideias esquisitas ou inusitadas, deixe a mente fluir e vá anotando tudo sem julgamento. Algumas delas podem parecer não ter sentido em um primeiro momento, mas em seguida, estabelecerão conexão com outras e se tornarão eficazes. Separe um tempo em um espaço em que não seja interrompido. É necessário soltar a imaginação e a criatividade.

Faça um plano com pequenas ações diárias para desenvolver novos hábitos, treinando novas habilidades. Tenha datas registradas para acontecerem os sonhos e as metas a serem conquistadas. *Network*, faça amigos novos, isso é uma ótima forma para olhar o mundo por outros ângulos.

6

COMO APRENDER MAIS E MELHOR

As formas de efetivar uma aprendizagem podem ser levadas para fora da sala de aula. Para todo estudo que o interlocutor fizer durante a vida, é importante usar um processo para potencializar seus novos conhecimentos. É imprescindível entender que quando se ensina algo, gera-se benefícios para quem educa e ajuda o outro a conquistar aprendizagem transformacional.

A Pirâmide de aprendizagem[7], de William Glasser, psiquiatra americano, orienta-nos que, para uma melhor aprendizagem, o professor e o pedagogo podem fazer uso desse recurso para promover a compressão e o desempenho cognitivo e intelectual dos alunos. Segundo Glasser, a aprendizagem se efetiva da seguinte forma:

- 10% quando lemos.

- 20% quando ouvimos.

- 30% quando observamos.

- 50% quando vemos e ouvimos.

- 70% quando discutimos com outros.

- 80% quando fazemos.

[7] GLASSER, 2001.

- 95% quando ensinamos aos outros.

Podemos pensar, a partir desses dados, em uma aprendizagem mais colaborativa, pois no momento em que se ensina, organiza, reestrutura, resume, ilustra e generaliza, faz-se uso das estruturas mentais que geram aprendizagem mais eficiente. O "fazer" também gera uma boa aprendizagem já que nos oportuniza escrever, traduzir, revisar, interpretar, expressar, revisar, comunicar, demonstrar, praticar e diferenciar o objeto de estudo. Discutindo, consegue-se relatar, conservar, repetir, reproduzir, recordar e nomear o objeto de estudo.

As metodologias de aprendizagem devem estar voltadas para um processo mais amplo e flexível. É importante e necessário que todos saiam da educação básica identificando quais as formas que se aprende de forma mais efetiva, para que se possa utilizar dessas formas durante toda sua vida.

6.1 Descobrindo meu estilo de aprendizagem

Conhecer os estilos de aprendizagem é fundamental para ampliar o autoconhecimento, potencializar o desempenho e treinar novas formas de aprender para ampliar os demais canais. Todos temos os quatro canais de comunicação, mas um deles se destaca na sua aprendizagem e pode potencializar a forma de aprender. Por isso, é importante conhecer o canal de comunicação que forma seu estilo, segundo Glasser:

a. Estilo visual: nesse grupo estão estudantes que possuem habilidades de conhecer, interpretar e diferenciar os estímulos recebidos visualmente. A partir da visualização das imagens, é possível estabelecer relações entre ideias e abstrair conceitos. Nesse estilo, há uma boa concentração e rapidez. É capaz de organizar bem os pensamentos e tem soluções alternativas para resolver os problemas.

b. Estilo auditivo: estudantes com estilo auditivo possuem habilidades de conhecer, interpretar e diferenciar os estímulos recebidos pela palavra falada, sons e ruídos, organizando suas ideias, conceitos e abstrações a partir da linguagem audível. Aprende por instruções verbais, lembra nomes e decora com mais facilidade, mas não consegue esperar para falar. Em geral, interrompe já que não consegue esperar a conclusão do assunto.

c. Estilo cinestésico: encontramos nesse grupo estudantes que possuem habilidades de conhecer, interpretar e diferenciar os estímulos recebidos pelo movimento corporal aprende fazendo e tende a lembrar mais daquilo que executou.

6.2 Teste canal de aprendizagem

Teste canal de aprendizagem[8]: "qual é o seu melhor canal de acesso para que se tenha uma aprendizagem mais efetiva?", respondendo essa pergunta haverá um norte para potencializar o seu canal de aprendizagem e desenvolver estratégias para ampliar os demais canais. Tomar consciência do canal não é o suficiente, é necessário adquirir uma rotina disciplinada de estudo. A seguir, apresentaremos questões que servirão para identificar qual o canal de aprendizagem mais eficaz para cada indivíduo.

1. Gostaria mais de estar fazendo este exercício:

a. fazendo registro por escrito

b. oralmente

c. realizando tarefas

2. Gosto mais de ganhar presentes que sejam:

a. bonitos

b. sonoros

c. úteis

---

[8] Adaptado de SEED. Estilos de aprendizagem. Semana Pedagógica. 2016. Disponível em: http://www. gestaoescolar.diaadia.pr.gov.br/arquivos/File/sem_pedagogica/julho_2016/dee_anexo1.pdf. Acesso em: 15 jul. 2021.

3. Tenho mais facilidade de lembrar nas pessoas:

    a. fisionomia (rosto)

    b. voz

    c. gestos

4. Aprendo mais facilmente:

    a. quando estou lendo

    b. quando estou ouvindo

    c. quando estou fazendo

5. As atividades que mais me motivam:

    a. tirar ou observar fotografia, pintura

    b. ouvir música, palestra

    c. estar em contato com escultura, dança

6. Na maioria das vezes, prefiro:

    a. ficar observando

    b. ficar ouvindo

    c. movimentar meu corpo

7. Ao lembrar um filme ou série me vem à mente:

    a. as cenas, consigo visualizar

    b. os diálogos, consigo saber as falas dos personagens

    c. as sensações que eles têm durante as cenas

8. Nas férias, gosto mais de:

    a. conhecer novos lugares

    b. descansar

    c. participar de atividades

9. O que mais valorizo nas pessoas é:

    a. a aparência, como elas se vestem

    b. o que elas dizem

    c. o que elas fazem

10. Percebo que alguém gosta de mim:

    a. pelo jeito de me olhar

    b. pelo jeito de falar

    c. pelas atitudes

11. Meu carro preferido tem principalmente que ser:

    a. bonito

    b. silencioso

    c. confortável

12. Quando vou comprar algo, procuro:

    a. olhar bem o produto

    b. ouvir o vendedor

    c. experimentar

13. Tomo decisões com base principalmente:

a. no que vejo

b. no que ouço

c. no que sinto

14. Em excesso, o que mais me incomoda é:

a. claridade

b. barulho

c. ajuntamento

15. O que mais me agrada em um restaurante:

a. ambiente

b. conversa

c. comida

16. Em um show, valorizo mais:

a. a iluminação

b. as músicas

c. a interpretação

17. Enquanto espero alguém fico:

a. observando o ambiente

b. ouvindo as conversas

c. andando e mexendo com as mãos

18. Eu mais me entusiasmo quando:

    a. me mostram algo

    b. me falam sobre algo

    c. me convidam para participar de algo

19. Ao consolar alguém, procuro:

    a. mostrar um caminho

    b. levar uma palavra de conforto

    c. abraçar a pessoa

20. O que me dá mais prazer:

    a. ir ao cinema

    b. assistir a uma palestra

    c. praticar esportes.

Agora conte as letras e confirme sua pontuação. Aquela que for maior será seu canal de aprendizagem, sendo: a = visual, b = auditivo, e c = cinestésico. Identificar o canal de aprendizagem ajuda o estudante a compreender melhor a si mesmo e a desenvolver outras habilidades necessárias para a aprendizagem.

7

APRENDIZAGEM EFETIVA

Para o processo de aprendizagem ser efetivo e gerar transformação, é preciso que se tenha vontade consciente de aprender, entender o que é essencial e não acessório e o quanto esse processo impactará positivamente o momento em que se está vivendo, além de compreender quais seriam as perdas se não o cumprisse. Nesse sentido, para que a aprendizagem tenha sucesso, deve-se preparar o indivíduo, ou grupo, para que fique no momento presente, ou seja, fazer o que precisa ser feito para aquele momento. É importante não ter distrações para que não se percam as oportunidades. Assim, será possível iniciar a preparação para a aprendizagem. Nesse momento, devem surgir alguns questionamentos:

- O que vou aprender pode trazer algo de positivo para minha vida?

- Eu quero aprender isso?

- Eu preciso aprender isso? Será importante para o meu futuro? Se a resposta for sim, o quanto estarei disposto a aprender?

- Como eu estou para aprender? Estou disposto?

- Como eu devo estar para receber as informações e transformá-las em conhecimento?

- Como fazer o uso do que vou aprender para o meu desempenho acadêmico ou profissional e transformar a minha vida pessoal?

A aprendizagem é um processo sem fim. Desde que nascemos estamos aprendendo, fazemos isso o tempo todo, de forma consciente e inconsciente, observando, lendo, escrevendo e conversando. Em momentos específicos, estamos na escola, na faculdade, em cursos, no trabalho, sendo pai, sendo irmão, sendo amigo. Por todas essas relações e ações, precisamos ter conhecimento das áreas que escolhemos para atuar e, também, ter autoconhecimento. Isso proporcionará resultados mais assertivos e diminuição de conflitos durante o percurso. Logo, devemos estar dispostos a aprender algo novo que ajudará no desenvolvimento das habilidades que se tornarão competências.

Esse pequeno texto serve de inspiração para treinar filhos, família, alunos, grupo profissional, entre outros, levando-os a ter uma aprendizagem transformacional. O modelo abordado poderá ser alimentado, pois sempre é possível acrescentar algo novo que traga sentido ao contexto e às situações que estão sendo trabalhadas. Devemos ter amplo conhecimento sobre as famílias e a escola. Conhecer os modelos mentais, a filosofia de vida, o sexo e a idade dos envolvidos no processo educacional para que possamos levar metodologias que gerem aprendizagem efetiva.

Para que esse processo se concretize, uma dinâmica é sempre essencial, a fim de traçar um norte mais apropriado. A dinâmica consiste na auto-observação dos modelos mentais relacionados à aprendizagem. Conhecendo-os, é possível intervir e inserir uma nova programação.

Escolhemos um momento em que estávamos como aluno, isto é, aprendendo. Observe o que sentia naquele momento, o que pensava, onde ficava "viajando" durante o processo de aprendizagem. Após essa localização imaginária, reflita sobre os seguintes questionamentos:

- Quais eram as posições que seu corpo ficava enquanto estava aprendendo naquele curso, palestra ou sala de aula?

- Quais eram as emoções geradas nos momentos de aprendizagem? O corpo ficava contraído, a perna balançava, os braços sempre estavam relaxados ou utilizava a caneta para bater no caderno ou observar o celular?

Pode até parecer bobagem o que estamos relatando aqui. Mas, por meio dessa visualização, é possível perceber o quanto conseguia ficar concentrado para aprender. Observe, nesse exato momento, a mente contando histórias baseadas nas experiências da infância.

Agora, é importante direcionar-se às percepções mentais pelas quais pode ter passado. Elencamos algumas a seguir, as quais poderá identificar se:

- Eu não consigo aprender isso. É muito difícil!

- Eu não gosto dessa matéria. Sempre tirei notas baixas, não é agora que vou conseguir melhorar.

- Lá em casa todos têm dificuldade com isso, só eu seria diferente?

- Eu não tenho tempo para estudar.

- Eu não consigo estudar sozinho.

- Eu não consigo me organizar para estudar, é uma bobagem continuar, eu sou burro mesmo.

- Nunca vou usar isso na minha vida, não vou trabalhar nessa área.

É importante que o educador reforce constantemente que o conteúdo escolar é e sempre será importante. Também, é necessário que todos recebam o mesmo conteúdo para gerar equidade na educação. Durante a vida, o conteúdo aprendido no ensino básico será necessário em diversos momentos da vida acadêmica, profissional e pessoal. Por isso, é fundamental refletir com o grupo que estamos aprendendo a todo momento. A aprendizagem contribui para uma escolha adequada e assertiva, orienta na tomada de decisões relativas ao futuro, e contribui para uma maior organização do dia a dia.

Podemos exemplificar com a matemática. A aprendizagem é gerada na forma de retirar os dados, na leitura, na estratégia que se escolhe para resolver as atividades, na identificação dos dados que são prioridades, dentre outras funções que ela desencadeia. Tudo isso é feito de maneira consistente e, por várias vezes, o que constrói redes neurais de organização de dados que ajudarão diante de um desafio, pontuará prioridades e estabelecerá uma ordem mental. Concluindo, não é o conteúdo por si mesmo, mas é o que ele desencadeará em forma de conhecimento e habilidades.

Quando há um posicionamento negativo sobre algum assunto a ser estudado, uma barreira impede a aprendizagem. É importante uma observação atenta nas falas dos indivíduos do grupo trabalhado para agir de modo eficiente. Uma fala muito comum é a seguinte: "eu não acredito que irá ser trabalhado isso". A demonstração de irritabilidade e indignação cria uma barreira para aprender algo novo. Por isso, é necessário observar se há um grau de rejeição porque, se houver, as chances de aprender estão diminuídas.

O que se pode fazer é começar a treinar um novo modelo mental. Tentar trocar o negativo pelo positivo, treinar a mente e, quando vierem os pensamentos negativos, deve-se estar preparado para repetir frases opostas ao modelo mental antigo. Uma estratégia é a leitura, para seu grupo, de algumas frases que instiguem a tomada de decisões.

- Isso vai me ajudar em...

- Vou encontrar situações em que o aprendizado será bom para mim.

- Vou praticar isso, vou testar para ver se funciona.

- Vou tentar, dessa vez vai ser diferente!

- Eu consigo aprender, nem que seja um pouco.

- Isso vai me ajudar a conquistar meus sonhos, por isso vou dar o meu melhor.

- Isso é importante para esse momento.

- As pessoas da minha família tiveram dificuldades, mas comigo será diferente porque estou tendo a oportunidade de aprender o que eles não tiveram.

- Terei a oportunidade de inspirar as novas gerações da minha família.

- Aqueles que virão depois poderão ter suas histórias transformadas se eu fizer o melhor agora.

- Irei procurar algum amigo ou professor para que me ajude a organizar meu tempo e proponha algumas formas de estudo para que eu possa aproveitar melhor essa atividade.

- Esse conteúdo é novo e, com certeza, ampliará meu conhecimento.

- Vou ter a oportunidade de retomar e aprofundar um conteúdo já visto. Além disso, poderei ajudar outros, pois é importante que meus colegas também aprendam.

Todos os profissionais e pessoas que, de algum modo, estão envolvidos com a aprendizagem (pedagogo, pai, instrutor, coach, profissional do desenvolvimento humano etc.) podem utilizar esse instrumento para começar um conteúdo, um novo projeto ou mesmo para reorganizar, no meio do caminho, um planejamento que ainda não se efetivou.

É muito importante retomar o que pensamos, sentimos e verbalizamos durante o processo de aprendizagem para podermos reprogramar ou reforçar modelos mentais. Esses modelos podem criar bloqueios emocionais responsáveis por construir uma barreira na aprendizagem. A neurociência comprova que bloqueios emocionais podem desacelerar e comprometer a aprendizagem. Assim, fique atento e peça para os estudantes anotarem, nas primeiras aulas, quais os sentimentos, pensamentos e sensações corporais que desencadeiam enquanto aprendem. Caso seja algo negativo, utilize as dicas da dinâmica da auto-observação. Mudar as formas de pensar, trocar os pensamentos antigos por novos, ou seja, aqueles que constroem um modelo mental mais empoderado, contribuirão positivamente para melhorar e aumentar o desenvolvimento. Faça, com seu grupo, um planejamento para o projeto, listando os conteúdos que desejam adquirir:

- O que preciso aprender?

- O que vou fazer para aprender? Quais serão as minhas ações?

Informe sempre que o poder do planejamento e a organização das metas podem encurtar o caminho da chegada.

Passos que antecedem a organização do momento do estudo

- Separar tudo o que vai precisar para o curso ou palestra. Estudar em casa para não esquecer nada e não gerar desmotivação é um dado importante.

- Manter o local limpo e organizado, isso deixa o corpo e a mente mais propícios para a aprendizagem.

- Ir ao banheiro antes de começar o momento de estudo.

- Levar sua garrafinha com água.

- Não ir ao curso ou palestra com fome, ou comer exageradamente.

- Cumprir os horários que estabeleceu para o estudo, não chegar atrasado, nem sair antes do término.

- Não se distrair mexendo no celular, de forma nenhuma fazer qualquer outra coisa durante o momento de estudo, isso diminuirá as chances de aprender de forma efetiva.

- Fazer o que tem para fazer naquele momento, caso contrário terá que retomar e assim perderá mais tempo.

8

INSPIRANDO O CORPO E A MENTE

Para inspirar a mente e o corpo no início do dia, pode-se treinar observando o momento presente. O psicólogo Robert Alberti[9] passou décadas estudando o prazer, a alegria, a bondade, dentre outras emoções, e descobriu que, por meio da gratidão, podemos estimular e trazer diversos benefícios como uma melhora significativa da saúde mental e do sistema imunológico, além do fortalecimento das emoções positivas e uma diminuição das reclamações cotidianas.

Cuidar dos primeiros 30 minutos após acordar influencia positivamente nas formas de escolher, de pensar, de sentir e de agir. A gratidão praticada nesse intervalo de tempo ativa áreas cerebrais que geram a sensação de bem-estar e felicidade. Podemos iniciar ao abrir os olhos com um pequeno momento de gratidão. Desse modo, o professor pode sugerir aos alunos para que adquiram essa prática matinal. Aqui vão algumas dicas: agradeça pela cama, pelo travesseiro, pelo lençol e por ter um café da manhã. Pense nas pequenas coisas que têm para agradecer já no começo do seu dia e reflita na importância de cada uma delas. Podem parecer insignificantes, mas sem um sabonete você não ficaria limpo e cheiroso. Fale palavras de agradecimento a tudo o que acontece nos primeiros minutos do

---

[9] ALBERTI; EMMONS, 2009.

seu dia. Lembre-se de todas as coisas que possui, isso irá bloquear as reclamações. Os primeiros dias serão desafiadores, no entanto, esse sentimento de gratidão vai nascer com uma prática diária.

9

ALIMENTAÇÃO SAUDÁVEL

Uma alimentação saudável deve ser encaixada na rotina de sucesso. É uma forma de exercer o autocuidado e oferece benefícios para o corpo e para a mente. Tudo o que comemos afeta a saúde física e mental. As dietas saudáveis diminuem as chances de desenvolver depressão.

Muitas características biológicas podem ser desenvolvidas ou alteradas ao longo da vida de acordo com a alimentação, já que é no intestino que são produzidos hormônios que irão atuar sobre o corpo, a mente e as emoções. Assim, a importância de começar a adquirir hábitos saudáveis é fundamental porque se necessita do corpo físico para viver todas as conquistas. Um corpo saudável aproveitará melhor cada uma das experiências. Pesquisas comprovam que as pessoas gastam mais com alimentos processados do que com alimentos saudáveis. É preciso quebrar o paradigma de que para se ter uma alimentação balanceada necessita-se de muito dinheiro. Veja alguns benefícios da alimentação saudável:

- Ter mais disposição e energia.

- Manter o peso.

- Melhorar o humor.

- Prevenir doenças.

- Promover a autorregulação hormonal.

- Retardar o envelhecimento.

- Melhorar as funções cerebrais que ajudarão na memória.

Pensando nos espaços em que vivem as famílias, as comunidades e as empresas nas quais se pretende introduzir a mudança de hábitos alimentares, é necessário construir recursos para que todos possam entender os benefícios de uma alimentação saudável, bem como demonstrar que é possível mantê-la.

Esse trabalho deve ser estendido para uma pesquisa seguida de planejamento, a fim de que proporcione uma ajuda mais eficiente e prática. O mais importante é adaptar para a realidade e o contexto com os quais se está trabalhando, por isso, deve-se conhecer o ambiente, os costumes e os hábitos para propor mudanças que sejam alcançadas e não criem frustrações ou desmotivações.

9.1 Pesquisa, planejamento e ação

Vamos começar esse trabalho com a mão na massa. Faça uma pequena pesquisa, oriente o grupo para responder às perguntas e anotar as boas ideias que forem surgindo.

Parte I

- O que tenho comido nas últimas semanas? Isso é bom ou poderia ter sido melhor?

- Alimentos industrializados fazem bem à saúde? Caso responda que não, justifique sua resposta.

- O que é uma alimentação saudável? Será que eu já tenho conhecimento suficiente sobre isso?

- Tenho comido em horários regulares?

- Possuo uma rotina de horários para me alimentar?

- Qual é a melhor dieta para minha idade?

Feita a pesquisa, organize os dados, discuta, analise e compreenda para ir ao próximo rol de questões.

Parte II

· Qual seria a melhor alimentação para minha família, se os membros têm idades diferentes? Podemos adaptar uma alimentação que contemple toda família?

· Qual seria a melhor alimentação para minha família utilizando os alimentos que já possuímos?

· Eu e a minha família temos preparado uma alimentação equilibrada?

· Tomo água o suficiente para o bom funcionamento do meu corpo e sei quantos litros de água preciso tomar para ter um dia mais saudável?

· Eu sei quais são os benefícios de beber água na quantidade certa e quais os melhores horários para a ingestão?

· O que posso fazer e como organizar o meu tempo para ajudar minha família a ter uma alimentação melhor?

· Como comprar alimentos vivos e saudáveis gastando pouco?

· Onde posso encontrar alimentos mais baratos em minha comunidade ou cidade?

· Conheço receitas saudáveis e baratas que poderiam melhorar a alimentação da minha família?

Para partir ao plano de ação, concentre-se no que foi encontrado na pesquisa. Organize todas as ideias, depois escolha aquelas que melhor funcionam para o momento. Peça para o grupo escrever por meio de relatos. O compartilhar pode ser por meio da construção de um painel ou outra metodologia. O importante é que o grupo possa perceber algo que não tinha observado e que isso sirva para ajudá-lo a implementar o plano de ação, que deve ser acompanhado a cada 15 dias durante um semestre para que todas as famílias tenham tempo para fazer as mudanças e adquirir um hábito mais saudável.

Nesse momento, é feito um *feedback* para retomar o objetivo do projeto. Revise, amplie e mude a rota, se for o caso. Não se esqueça de comemorar as conquistas. Organize-se para recolher os relatos positivos e fazer alguma comemoração, isso gera motivação e auto-confiança no grupo.

10

ATIVIDADE FÍSICA

A prática de uma atividade física pode oferecer mais de um benefício para a saúde do corpo, da mente e das emoções. É uma das formas de autocuidado. Podemos definir como atividade física o movimento corporal que qualquer indivíduo realiza, utilizando a musculatura que vai resultar em gastos energéticos.

Nesse momento, apresente exemplos de algumas atividades físicas, ouça o seu grupo, deixe que participe, incentive-o a relatar e registrar as atividades físicas preferidas. Não se esqueça de avisar, ao final da conversa, que a atividade física promove bem-estar físico, diminui o estresse e a ansiedade.

Quando o corpo fica parado demais gera desequilíbrio físico, emocional e mental. Já durante a prática de exercícios físicos, acontece a liberação de hormônios do bem-estar, que ao longo dos dias ajudará na mudança química do cérebro. Alguns benefícios práticos da atividade física:

- Melhora a disposição física.

- Melhora a postura corporal.

- Aumenta o nível de energia.

- Melhora o sono.

- Melhora o humor e combate o estresse.

- Aumenta a autoestima.

- Fortalece o sistema imunológico.

- Aumenta a flexibilidade e a elasticidade do corpo.

- Auxilia a memória, aumentando a capacidade de processar informações mais rapidamente.

- Melhora o desempenho cognitivo.

- Ajuda a fazer novos vínculos, pois melhora o convívio social e cria novos *networks*.

Os benefícios são importantes, mas é preciso escolher o que se gosta de praticar. Atentar para o que traz bem-estar e felicidade. Deve-se procurar uma atividade preferida para que ela se torne um hábito prazeroso. Caso contrário, desistirá com facilidade.

Escolher atividades físicas coerentes com a idade é, também, um estímulo e um impulso a mais. Por isso, é preciso observar a faixa etária do grupo com o qual se está trabalhando. Responder às perguntas:

- Quais são os melhores tipos de atividade física para minha idade, pois não posso correr riscos de aumentar as chances de ter lesões?

- Como posso fazer atividade física sem gastar dinheiro?

- Onde posso praticar atividade na minha cidade?

- Como posso organizar o tempo para conseguir fazer atividade física?

Para o plano de ação, questione e oriente o grupo para que façam as seguintes anotações:

- Quando vou começar?

- Qual será a atividade que vou praticar?

- Em quais horários irei praticar?

- Quantas vezes por semana vou praticar?

É necessário apresentar ao grupo orientações sobre a prática de atividade física, buscar ajuda para que a postura durante o treino não cause lesões e, também, para que o esporte escolhido não afete algum problema já adquirido. Tudo isso é de extrema importância para o início e a continuidade da prática.

Estar alimentado e praticar esporte antes das 21 horas são dicas para não atrapalhar o sono, pois esportes são revigorantes e estimulantes. É importante lembrar que todo novo hábito leva de 20 a 30 dias para ser instalado. Assim, para se ter qualidade de vida é preciso treinar. Acompanhe o plano de ação a cada 15 dias por um semestre para que todos tenham tempo de fazer as mudanças e adquirir um hábito mais saudável. Novamente, faça o *feedback* para retomar o objetivo do projeto, revise, amplie e mude a rota, se for o caso. Comemore sempre as conquistas e recolha os relatos positivos.

11

LINGUAGEM CORPORAL

Linguagem corporal é tudo o que meu corpo pode expressar por meio dos gestos e expressões do corpo. Somos capazes de revelar pensamentos, sentimentos, ideias e transmitir emoções o tempo inteiro. Essas imagens são construídas e estabelecidas nos primeiros minutos do início do relacionamento. Quando se encontra o outro, observa-se a roupa, os movimentos do corpo, o tom de voz, as expressões faciais de forma consciente e inconsciente e, assim, determina-se quem você é diante dele.

O corpo expressa algo. Então, deve-se perguntar se está transmitindo a imagem que se deseja. É preciso relembrar que a imagem é construída em três pilares: aparência, comunicação e comportamento. Assim, sempre é preciso parar para pensar se o que está despertando no outro é positivo ou negativo. É importante desenvolver uma linguagem corporal mais aberta, isto é, mais assertiva, que transmita segurança, confiança, empatia, leveza, autoridade, abertura para comunicação, entre tantas outras mensagens que podemos transmitir com o corpo.

Em cada fase da vida podemos transmitir mensagens diferentes. Por isso, é importante questionar a si mesmo sobre a mensagem que deseja transmitir com a imagem que está sendo posta naquele momento.

A forma com a qual o corpo se expressa é uma das linguagens da comunicação que vai completar a comunicação verbal. Esta última é a que mais se destaca entre os relacionamentos dos seres humanos, mas não se pode esquecer que a aparência, a comunicação e a linguagem corporal emitem o tempo todo mensagens não verbais. Isso representa grande parte do processo de um relacionamento de sucesso.

Uma boa linguagem corporal permite que o indivíduo tenha mais equilíbrio na hora de se relacionar. Colocar o corpo em ação é estar influenciando o outro positiva ou negativamente.

O autoconhecimento ajudará no desenvolvimento dessa linguagem, pois é uma ferramenta que pode ser usada para ter consciência das formas de pensar, de agir e de se comportar. Durante o processo de autoconhecimento, consegue-se identificar o que está dando certo e os pontos que precisam ser melhorados. Para isso, deve-se desenvolver a vontade consciente, escolher um tempo para analisar relacionamentos entre famílias, irmãos, pais, amigos e no trabalho. Verificar a atuação dos três pilares, a linguagem corporal e, se necessário, reposicionar-se nas próximas vezes.

Algumas ações são imprescindíveis nessa auto-observação. Para isso, pegue um papel e escreva nele como se relacionou com as pessoas com quem convive nas últimas duas semanas, utilize os três pilares:

- Qual é o tom de voz que uso para me comunicar?

- O que tenho despertado no outro com meu tom de voz?

- Falo muito rápido ou muito devagar?

- Gesticulo muito enquanto falo?

- Faço caretas enquanto falo?

- Sempre tenho necessidade de interromper as conversas, quase nunca consigo esperar alguém concluir uma ideia?

- Sempre estou limpo, com dentes escovados, cabelos penteados, com cheiro agradável? Isso é, tenho autocuidado com meu corpo?

- As minhas roupas estão limpas, representam minha personalidade e gosto pessoal?

- Não tenho causado constrangimento com minhas vestimentas?

Com a análise construída, é possível praticar algumas ações para melhorar a linguagem corporal, pratique essa nova habilidade até que se torne uma competência. Algumas dicas importantes:

- Nunca cruze os braços em uma conversa, isso demonstra que não está acessível e não pretende negociar. Não movimente demais os braços e as pernas, nem estale os dedos, não aperte os lábios, não fique mexendo os pés ou balançando as pernas, isso pode expressar agitação, ansiedade, preocupação ou nervosismo.

- O tom de voz deve ser o mesmo do interlocutor, nunca grite ou fale baixo demais. Sorria e fale devagar, nunca acelere muito.

- O corpo deve estar sempre com a coluna ereta quando for ouvir alguém, mas os ombros devem estar relaxados, não baixos demais. Os olhos devem sempre estar na pessoa ou nas pessoas do grupo, as mãos devem ficar abertas ou entrelaçadas, mas nunca apoiadas no queixo, no pescoço ou na cabeça, se estiver sentado. Importante se preocupar com esses requisitos para que não seja demonstrado tédio, impaciência, desconfiança ou desmotivação.

- A expressão facial revela as emoções do momento. Deve-se começar a perceber expressões faciais quando alguém lhe dirigir a palavra. Mesmo que seja um grande desafio ou a conversa não seja agradável, nunca faça caretas.

12

IMPORTÂNCIA DA IMAGEM PESSOAL

A imagem pessoal é construída pela forma como o indivíduo se relaciona com o mundo. Está baseada em três pilares, como já abordamos: a comunicação, o comportamento e aparência. Nos primeiros minutos de um relacionamento a mensagem transmitida pela vestimenta e o autocuidado, isto é, a aparência, a higiene com o corpo, a forma que se fala, os gestos e as expressões faciais, podem ser positivos ou negativos, por isso, deve-se ter clara a mensagem que se deseja transmitir.

Nessa proposta, vamos trabalhar a aparência, sabendo que a imagem pessoal não deve ser engessada, e sim dinâmica. São necessárias mudanças com a idade e com as fases da vida, no entanto, sempre se deve expressar um estilo particular e transmitir uma mensagem positiva.

É muito importante a cada indivíduo conhecer o seu estilo pessoal e valorizá-lo, usar as roupas certas que combinam com o formato de corpo e escolher cores que o agradam. É importante manter a autenticidade.

Não se deve esquecer que a imagem pessoal desperta sensações e emoções nos outros. Assim, é preciso cuidado e esforço para que se transmita confiança, leveza, respeito, sucesso e asseio. Pensar na mensagem que se deseja transmitir é fundamental para alcançar o que se deseja. Nunca se anule, escolhendo um estilo para agradar aos outros. Construa-se dentro do seu perfil, levando em conta o bem-estar e mantenha a sintonia com aquilo que você acredita.

Os cuidados com a aparência devem fazer parte da rotina de sucesso. No dia a dia, a preocupação com os hábitos de higiene pessoal, como tomar banho, lavar as mãos, escovar os dentes e ter uma alimentação saudável devem fazer parte do autocuidado. Esses cuidados devem ser estendidos para a higiene coletiva. Os utensílios e o ambiente nos quais serão preparados alimentos devem estar limpos para evitar contaminação, bem como manter em ordem os ambientes do convívio social.

Para que a ordem e a higiene se mantenham constantes, é necessária uma reflexão contínua por meio de algumas perguntas:

- Como está minha higiene pessoal?

- Sempre que vou aos meus compromissos, tomo banho, escovo os dentes, penteio os cabelos, uso uma roupa limpa e adequada para o evento?

- Estou preocupado em causar a melhor impressão?

- Qual é a imagem que eu quero passar nesse momento?

- Quem eu desejo ser?

- O cabelo, a roupa e as cores demonstram a imagem que quero passar nesse momento?

- Eu sei qual é o meu tipo de corpo? Quais estilos de roupas ficariam melhores em mim?

- Onde posso encontrar informações para conhecer meu tipo de corpo, fazer as melhores escolhas de vestimentas respeitando meu gosto pessoal?

- Quais são as cores que combinam com minha pele?

- Como posso criar meus looks para essa etapa da vida?

- Como posso me vestir bem sem gastar muito, aproveitando quase tudo que eu já tenho?

- A partir das questões anteriores, poderão ser sugeridas ao grupo novas indagações, de acordo com a idade e as demandas do momento.

13

CONSTRUINDO UM CONCEITO PARA PROSPERIDADE

A prosperidade assume conceitos diferentes de acordo com aquilo que se acredita e com o que se deseja pensar, ser, agir, sentir e ter. Ela está relacionada ao equilíbrio da vida física, mental, emocional e espiritual. Em geral, acredita-se que a prosperidade é ter dinheiro, mas há muitas pessoas que são ricas e não são prósperas. Apesar de toda a riqueza econômica, um vazio interior permanece. Nisso consiste a diferença entre a prosperidade e a riqueza.

A prosperidade é completa quando as riquezas financeiras não ficam apenas para benefício pessoal. Elas interferem na vida alheia, ou seja, são responsáveis pela mudança nos outros e no mundo ao redor, seja por meio de doações ou de oferta de empregos, de forma que se sinta feliz e traga abundância para a vida pessoal e dos outros, próximos ou não. A prosperidade não está relacionada somente à riqueza material. Ter um relacionamento íntimo feliz e saudável, adquirir conhecimento para mudar a vida pessoal, desenvolver-se naquilo que fará sentido são sinônimos de prosperidade. A prosperidade pode e deve ser escolhida de forma consciente a partir daquilo que deseja ser e ter.

Algumas atitudes podem ajudar, no entanto, é preciso vontade consciente para se chegar à ação. Alguns pontos serão primordiais para que se alcance a prosperidade:

- Ter mentalidade de aluno, isto é, de quem aprende sempre, ser humilde, estar disposto e aberto para adquirir novos conhecimentos que possam transformar o interior e aumentar o valor profissional e monetário.

- Fazer investimentos pessoais, reconhecer o que deseja e saber quais são os sonhos para partir para a ação.

- Fazer modelagem, conhecer tudo sobre quem já chegou onde se deseja chegar, seguir os passos já feitos para encurtar o caminho.

- Aprender algo novo que agregue valor pessoal e seja prazeroso.

- Buscar formas para vencer os desafios e atingir os objetivos.

- Melhorar a performance em áreas com baixo desenvolvimento.

- Ser criativo e arriscar algumas vezes.

- Fazer *network*, ter amizades que combinam com a realidade atual, pois sempre que surgem novos desafios ou projetos surgem novas pessoas. Não se deve abandonar os amigos antigos, mas uma nova rede é sempre saudável para a expansão.

14

ESTUDO ESTRATÉGICO-TRANSFORMACIONAL

Estamos abordando aqui uma forma de estudo que aumente o valor pessoal e contribua para uma transformação interior. Questionamentos são sempre necessários e importantes para que não se perca o foco. Enfatizar como, quando e onde começar pode estabelecer uma rota mais assertiva.

A estratégia é o caminho, ou seja, a forma para atingir os objetivos esperados. É uma ferramenta de alavancagem para encurtar o caminho e obter melhores resultados. Quando já se sabe a área escolhida para estudar, deve-se focar em leituras e cursos que proporcionarão resultados mais rápidos.

É importante escolher cursos que sejam ativos para o desenvolvimento pessoal e profissional. Entende-se por ativos os estudos que complementem a área e ampliem valores. Assim, é sempre importante definir o que se deseja conquistar ou adquirir. Para isso, alguns questionamentos são necessários:

- O que é importante diante do momento em que estou vivendo?

- O que é prioridade nesse momento?

- O que trará mais resultados?

O estudo estratégico faz com que se ganhe velocidade e consistência e aumente as chances de sucesso. Quando se reconhece como um eterno aprendiz, não estamos aqui abordando um modelo escolar, o estudo pode e deve acontecer por meio de cursos, leitura de livros e vídeos, cujo objetivo é melhorar a vida de modo geral, ou seja, a saúde, o desenvolvimento pessoal, as emoções e a carreira profissional. Ao escolher aprofundar-se por meio de estudos diversos, deve-se fazer uma avaliação constante dos benefícios que estão sendo gerados.

- Quanto está contribuindo para meu crescimento?

- O que estou aprendendo é bom?

- O que foi aprendido está melhorando quais áreas da minha vida?

Para dar início ao estudo estratégico, deve-se analisar o momento. Se for fase escolar, de vestibular, concurso, conclusão de estudos no ensino fundamental e médio, deve-se focar nas disciplinas que são mais importantes e que trazem maiores resultados. Já se forem as disciplinas de maior dificuldade, deve-se observar o que está sendo feito e aplicar um modo mais eficiente de estudo para que se obtenham melhores resultados. A estratégia adquirida de modo positivo deve ser aplicada a todas as outras disciplinas.

Quando a fase é profissional, de aperfeiçoamento, plano de carreira ou transição de carreira, deve-se começar o estudo no que colabore para ampliar e melhorar o conhecimento da área de atuação.

Já quando o caso é transição de carreira para uma área diferente de atuação, é preciso cautela. Primeiramente, deve-se escolher a nova área e, assim, escolher o curso e a formação/capacitação dentro da área específica em que deseja atuar. Os cursos que virão para complementar devem ser ativos e agregar valor na mesma área. Caso contrário, gastará tempo e dinheiro e o foco e a velocidade para conquistar os sonhos sofrerão consequências.

Em uma transição de carreira, em geral, há um movimento para garantir uma renda extra que nem sempre está em conformidade com a transição, mas isso deve ser temporário para que não se fixe em pontos que não sejam ativos, ou seja, que não ampliem ou completem a visão sobre um mesmo negócio.

15

COMO FORTALECER A MENTE NO DIA A DIA

A mente é fortalecida quando escolhemos com consciência aquilo que lemos, assistimos ou verbalizamos. Tudo aquilo que alimenta o corpo físico, psicológico e emocional causa reações positivas ou negativas. Tudo que entra por um dos cinco sentidos pode propiciar ou reforçar velhos programas e atuar nos modelos mentais. Essa entrada pode contribuir para a autorregulação e a produção hormonal, já que os estímulos externos provocam sentimentos e emoções desencadeados por pensamentos que podem gerar preocupações desnecessárias, aumentar os medos e as sensações de insegurança, levando à insônia, à ansiedade, ao estresse, à procrastinação, dentre outros, que serão responsáveis por construir padrões de pensamentos e de comportamentos negativos.

Os programas de TV, os livros e as séries, em geral, são utilizados para descanso e lazer. Se contiverem cenas de violência física ou verbal, as redes no seu cérebro irão transformar a ficção em uma suposta realidade. Quando se assiste a um filme ou a uma cena violenta, o coração acelera, o corpo se contrai com sensações reais. Algumas vezes, o medo permanece por dias após ter assistido a um filme de terror. Isso nos faz concluir que as emoções sentidas são verdadeiras e irão provocar um desequilíbrio emocional, produzindo uma programação mental negativa que, com o tempo, construirá padrões de pensamentos e comportamentos indesejados.

Compreender os meios pelos quais utilizamos para nos divertir e relaxar podem afetar a saúde mental é fundamental, pois somente assim é possível escolher, de forma consciente, o que se deseja e manter um modelo mental mais saudável e positivo. Toda vez que escolher um programa de TV, um filme, ou uma série para assistir, uma música para ouvir ou um livro para ler, ou ainda, um grupo de amigos para interagir, pergunte-se:

- O que desejo pensar e sentir?

- O que estou fazendo agora me faz sentir como eu gostaria?

- Isso contribui para pensar o que eu desejo pensar?

- Vejo neles ações de como quero agir?

- O que estou fazendo agora me deixa leve e relaxado, com bons pensamentos?

- As escolhas que fiz aumentam as chances de conquistar os meus sonhos ou me atrasam?

Essas perguntas devem ser feitas para ter consciência da pessoa que deseja ser. Saiba que ficar na frente da TV, com sensações de medo, raiva, indignação, dentre outras tantas, reprogramam o cérebro, já que ele não faz a diferença entre a realidade e a ficção. A sensação de medo ou raiva ativa uma reação química no corpo e, ao longo dos dias, tudo que é feito com persistência pode se tornar um vício para o cérebro. É indispensável viciar o cérebro com sensações e emoções de bem-estar físico e emocional, caso contrário, ficaremos presos a um modelo negativo.

A seguir, confira dicas para promover as melhores escolhas:

- Escolha programas de TV, filmes e séries de forma mais seletiva, focando naqueles que trazem leveza, felicidade, pensamentos positivos e senso de justiça. Fuja de cenas de violência física, verbal, constrangimento e tragédias para não ser afetado e reprogramado negativamente.

- Escolha bons livros, aqueles que ajudam a ser leve, desenvolva a criatividade, traga transformação interior e contribua na resolução dos desafios e conflitos, isto é, que gere transformação interior e exterior.

- Atividades físicas são uma das formas mais simples para fortalecer a mente. Escolha a atividade preferida e comece a se exercitar.

- Uma boa alimentação é algo essencial para uma mente saudável.

- Aprenda algo novo.

- Questione-se sobre o que gostaria de aprender e que foi adiado.

- Tenha noites de sono com qualidade.

- Estimule os hemisférios cerebrais, isso aumenta a criatividade e o potencial.

- Descanse.

- Não cometa exageros ou preguiça. Evite beber ou comer muito. Procure algo que possa transformar estados emocionais.

- Pense em algo que traga benefício para o corpo e a mente por meio do descanso: uma boa leitura, meditação, passeios na natureza, encontro com amigos, prática de um *hobby*. Escolher com consciência a forma de descanso contribui para o relaxamento e energização do corpo.

- A meditação, também conhecida como respiração consciente, ajuda a desenvolver a compreensão de si mesmo e o reconhecimento dos pensamentos, dos sentimentos e das formas de agir. Proporciona mais consciência aos hábitos que precisam ser mudados, pois funciona como uma faxina mental, além de abrir espaços na mente, traz mais assertividade, clareza e calma na tomada das ações.

- Visualizações são ferramentas que aumentam a criatividade e ajudam a melhorar a memória. Podem ser feitas a partir de momentos especiais vividos, aqueles que trazem leveza e felicidade. Relembrar os sonhos futuros e imaginar a conquista será um bom treino. Utilizar a criatividade e imaginar os detalhes, as cores, a ação, como um filme mental desenvolvem os hemisférios cerebrais.

- Riso é outra ferramenta importante, além de contagiar, melhora os estados emocionais. É gratuita e exclusiva do ser humano.

16

CONHECENDO E ESTIMULANDO OS HEMISFÉRIOS CEREBRAIS

Nosso cérebro é dividido em dois hemisférios, o direito e o esquerdo. É importante conhecer sua capacidade e seu potencial para buscarmos estratégias de desenvolvimento de ambos os lados para treinar as habilidades que consideramos necessárias para o dia a dia.

O hemisfério esquerdo é responsável pela ação lógica, pensamento crítico, linguagem verbal, fala, escrita, memorização de números e sequências e análise de dados. Esse lado do cérebro busca razões que justifiquem os acontecimentos e se baseia nas experiências vividas. Ele também utiliza de experimentos ou teorias para explicar os fatos e leva em consideração a ordem lógica para avaliar, resolver ou explicar situações a partir de um método.

Já o hemisfério direito é responsável pela criatividade, pela intuição e tem como função a visualização mental, a musicalidade e as habilidades espaciais. Esse lado memoriza ilustrações, gravuras, faz interpretação emocional das situações, analisa, explica e resolve fatos, acontecimentos ou desafios com predomínio das sensações, já que olha para o todo e não separa por partes. Considera os sentimentos nas tomadas de decisões e consegue imaginar o possível e o impossível diante do que se propõe a observar. Ao resolver algo, não utiliza uma ordem para pensar, mas consegue relacionar a parte com o todo, buscando soluções alternativas para resolver o que quer que seja, um trabalho escolar, um conflito, uma interpretação, dentre outros.

Para compreender os hemisférios e entender a si mesmo, é preciso algumas indagações:

- Eu sei qual é o hemisfério que mais utilizo?

- Qual é o hemisfério mais desenvolvido?

- Como poderei estimular e desenvolver o hemisfério que está em desvantagem? Já fiz algo para isso? Como fazer isso?

Nesse momento, é importante que o grupo fale e faça anotações do que considera relevante para o contexto de cada um.

Muitas pesquisas apontam que para uma aprendizagem duradoura, efetiva e mais agradável é preciso estar com os dois hemisférios equilibrados. As nossas emoções precisam ser tão educadas quanto o nosso intelecto. Os processos educativos, formais e informais são oportunidades e possibilidades de ampliação pessoal e emocional, mas também podem ser limitações.

Os processos de aprendizagem que envolvem crenças e valores culturais ou familiares podem gerar dificuldades e barreiras na educação. Isso ocorre, por exemplo, quando os pais dizem que matemática é difícil e que nunca aprenderam essa disciplina. Ou afirmam que a disciplina de arte não teve função, já que ninguém sabe desenhar. Essas situações geram uma barreira emocional no estudante que, muito provavelmente, terá dificuldade para se relacionar com a disciplina e com professor.

Os educadores também têm papel fundamental na construção ou na quebra das barreiras emocionais. Um apaixonado pelo que faz é capaz de encorajar e fazer o outro sentir-se capaz, além de direcionar o foco e a vontade de seguir em frente. Um elogio autêntico e um encorajamento, por meio da valorização de pequenas conquistas, fortalecem a autoestima do aluno.

É importante salientar que os professores devem compreender que cada estudante tem um tempo particular para a aprendizagem. Isso quer dizer que o modo, a forma e a quantidade de aprendizagem variam muito de um para outro. As escolas e as famílias precisam ter discursos e ações mais positivas para construir um modelo mental que gere um aprendizado efetivo.

O neurocientista Lawrence Katz[10] criou o que é chamado de neuróbica, uma ginástica específica para o cérebro que ativa as áreas que estavam desativadas e estabelece novas redes de conexões neurais. Para que esse processo ocorra, é necessário que se aprenda a fazer coisas de formas diferentes das quais se estava acostumado.

Nesse sentido, vamos propor algumas estratégias para desenvolver e equilibrar os dois hemisférios.

16.1 Desenvolvendo o hemisfério direito

O primeiro passo para se ter um cérebro funcionando com qualidade é dormir de sete a nove horas por noite. Deve-se verificar a idade para saber quantas horas serão suficientes.

O segundo passo é ter uma alimentação de forma mais saudável, pois, como visto anteriormente, isso afeta o corpo, a mente e as emoções.

O terceiro passo para manter o equilíbrio, a organização e a limpeza da mente, que pode ser feito por meio da respiração consciente juntamente com a meditação. Descanse entre uma atividade e outra, isso melhorará o desempenho e o foco.

A seguir, listamos algumas atividades para que sejam colocadas em prática, com o intuito de construir um hábito novo e desenvolver o hemisfério direito:

- Relembre detalhes do dia que passou, o que comeu, quais eram as cores da sua comida, como estava organizada na mesa durante o café da manhã, o almoço e o jantar, a roupa que vestiu, os compromissos que teve. Faça um pequeno filme mental, isso ajudará a desenvolver a imaginação e a criatividade.

- Estimule o paladar, tente descobrir todos os ingredientes que estão presentes em um prato novo que for saborear.

---

[10] KATZ, 2011.

- Quando ler ou folhear revistas ou livros com gravuras e imagens, veja as cores e tamanhos, invente uma frase ou um pequeno texto mentalmente e descreva a imagem, vire de cabeça para baixo veja o que consegue ver. Divirta-se.

- Ao ler ou ouvir uma palavra mentalmente, crie mais cinco palavras que iniciem com a mesma letra.

- Troque a mão para escovar os dentes. Se for destro, use a mão esquerda e se for canhoto, use a direta.

- Tome banho de olhos fechados ou no escuro.

- Troque a atividade que está habituado por outras.

- Observe uma imagem ou gravura, depois descreva seus detalhes.

- Ouça músicas.

- Toque algum instrumento musical.

- Faça visualizações de um dia perfeito que deseja ter e transforme-o em um pequeno filme mental. Veja as cores, o que está comendo, com quem está conversando, visualize tudo que planejou para esse dia.

- Faça visualizações da realização dos seus sonhos. Imagine onde e com quem estará, quais as sensações, o que está vestindo ou comendo. Pense nos detalhes, isso tornará seu cérebro mais criativo, além de fazer você se conhecer e criar objetivos para o futuro.

16.2 Desenvolvendo o hemisfério esquerdo

O primeiro passo para ter um cérebro funcionando com qualidade é dormir de sete a nove horas de sono por noite. Deve-se verificar a idade para saber quantas horas serão suficientes.

O segundo passo é ter uma alimentação de forma mais saudável, pois essa afeta diretamente o corpo, a mente e as emoções.

O terceiro passo para manter o equilíbrio, a organização e a limpeza do nosso cérebro e mente é fazer a respiração consciente junto com a meditação. Descanse entre uma atividade e outra, isso melhorará o desempenho e o foco. Descansar após o esgotamento físico e/ou mental nem sempre é o melhor momento para procurar o descanso. O melhor é utilizar o descanso como pausa, pois proporciona novos posicionamentos e novas formas menos reativas na hora de agir.

A seguir listamos algumas atividades para que sejam colocadas em prática com o intuito de construir um hábito novo e desenvolver o hemisfério esquerdo:

- Quando estiver em lugares novos, conte o número de pessoas e os objetos que estão ali. Depois, de olhos fechados, enumere todos utilizando números e sequências da direita para esquerda ou da esquerda para direita.

- Memorize uma sequência numérica todos os dias e vá ampliando.

- Monte um quebra-cabeça lógico ou espacial.

- Jogos de raciocínio lógico físicos, no computador ou no celular, ajudam muito a melhorar a sua memória e a desenvolver o lado esquerdo. Mas é importante limitar o tempo de uso de aparelhos eletrônicos, não deve passar de duas horas diárias, pois isso afetará a visão a longo prazo, além de diminuir a lateralidade e a coordenação motora, gerando mal-estar.

- Use um dicionário ou livro que estiver próximo e aprenda vocábulos novos, coloque essas palavras nas suas conversas diárias.

- Aprenda um novo idioma, seja por meio de um curso pago ou gratuito, há conteúdos relevantes gratuitos na internet. Um novo idioma forçará o seu cérebro a conhecer novos símbolos, sons e significados, isso ajuda muito a expandir o hemisfério esquerdo.

- Faça contas matemáticas em papel usando lápis.

- Escreva à mão, isso melhora o pensamento crítico e é um alimento para a memória. Quando escrevemos à mão, liberamos um hormônio no cérebro que aumenta a capacidade de memorizar e aprender.

- Escreva sobre seus sonhos, colocando-os em ordem de prioridade para acontecer. Liste as ações que estão comprometendo a conquista deles.

17

SONO: QUALIDADE DE VIDA E AUMENTO DE DESEMPENHO

Uma boa noite de sono é aquela em que não apenas são consideradas as horas dormidas. Qualidade de sono é aquela capaz de restaurar, repor as energias, reparar os tecidos, regular o metabolismo para que a mente e o corpo fiquem saudáveis. Uma noite de sono sem qualidade prejudica o funcionamento do corpo e gera dores de cabeça, falta de atenção, hiperatividade, alteração de humor, além de contribuir para a obesidade e afetar o sistema imunológico.

A falta do sono afeta diretamente o desempenho do raciocínio e do processo de cognição do conteúdo. Uma pessoa sonolenta não tem disposição, foco ou concentração e o registro da aprendizagem na memória acontece com pouca qualidade.

Adotar bons hábitos e ter uma rotina é essencial para conseguir descansar bem. Vamos propor algumas formas de melhorar as noites de sono:

- Estabelecer um horário fixo para ir para cama e para levantar-se.

- Manter o ambiente no qual dorme sempre escuro, silencioso, limpo e organizado.

- Diminuir a luz e desligar os aparelhos eletrônicos uma hora antes de ir para cama.

- Tomar um banho morno é relaxante, acalma e prepara para uma boa noite de sono.

- Comer comidas leves, sem bebidas alcoólicas, sem açúcar ou cafeína duas horas antes de ir para cama ajudarão o corpo de forma positiva a descansar. Caso contrário, seu corpo passará a noite fazendo a digestão e não terá tempo para a autocura.

- Não possuir TV no quarto e nem ir para a cama com o celular nas mãos, deixar as tecnologias pelo menos uma hora antes de dormir, pois sabemos que a luz dos aparelhos estimula o cérebro como se fosse a luz solar e faz o cérebro agir como se fosse dia, o que retardará o sono e não será regenerador.

- Fazer a respiração consciente na hora de dormir para uma limpeza dos pensamentos, sentimentos e emoções negativas adquiridas durante o dia.

- Colocar uma música ao fundo e aproveitar esse momento para o preparo para o sono. Os desafios do dia a dia não podem ir para cama.

- Inalar óleos essenciais específicos para melhorar o sono é uma boa opção para um sono regenerador e de boa qualidade. Inspire-se e pesquise sobre os benefícios.

- Registar, em papel ou agenda, o que deverá ser feito na manhã seguinte. Isso descansa o cérebro dos compromissos futuros.

- Criar um hábito positivo para deixar os desafios e o estresse fora da cama. A prática do recordatório noturno ou a respiração consciente com a meditação ajudarão a manter o equilíbrio e o descanso. Estudos comprovam que a respiração consciente com a meditação leva as pessoas a dormirem mais tempo e melhor. Já a prática do recordatório noturno é responsável por encontrar beleza, alegria e gratidão pelo dia e pela vida.

18

O RISO COMO FERRAMENTA DE ALAVANCAGEM PARA O BEM-ESTAR EMOCIONAL

Qual foi a última vez que você deu algumas gargalhadas? Se já faz tempo que não dá uma boa risada, é bom se preparar para começar a rir, pois essa simples ação abrirá uma nova janela na mente, trará grandes benefícios pessoais e nos relacionamentos. O riso é algo específico do ser humano, ajuda a manter e ampliar o equilíbrio emocional, ajuda na elevação da autoestima e do otimismo, melhora o sistema imunológico, aumenta o nível de energia, diminui o estado de mau humor, inspira comportamentos mais positivos, reduz o estresse e relaxa os músculos do corpo.

Nos momentos do riso, seu corpo produz hormônios do bem-estar. De acordo com o médico Eduardo Lambert[11], o riso estimula a secreção de endorfinas e serotonina construindo um estado mais otimista, o que torna a pessoa mais receptiva para alcançar as conquistas e para fazer as transformações interiores. No momento do riso, acontecem novas conexões neurais das quais não se estava acostumado, criando espaços mentais.

---

[11] LAMBERT, 1999.

Algumas atividades propostas aqui serão executadas individualmente e, outras, em grupo. Os locais serão variados (nas escolas, nas famílias, nos grupos de amigos e de colegas de trabalho). Será oferecido um momento único e saudável em que o riso seja induzido com o objetivo de desenvolver habilidades emocionais que melhorarão o humor, a autoestima, o pensamento criativo e o repertório cultural. O relacionamento em grupo gera empatia, habilidades emocionais e socioemocionais essenciais para uma convivência saudável.

Técnica do espelho

Ao acordar, inspire em frente ao espelho e comece a sorrir, olhe-se rindo. O treino diário trará mais resultado e um jeito pessoal. Poderá aplicar naqueles momentos em que estiver irritado. Procure um espelho ou carregue-o na bolsa, vá a um lugar discreto em que se sinta mais à vontade e comece a praticar.

Técnica da gravação de áudio

Pode-se utilizar em grupos ou somente para uso individualizado. Escolha piadas, stand up de coisas engraçadas que provoquem o riso.

Técnica de vídeos engraçados

Escolha piadas, stand up, videocassetadas, ou outros, que podem ser destinados a um grupo ou individualmente. Imagens engraçadas também podem ser usadas para treinar o riso.

Técnica com filmes

Assista a boas comédias, assim não terá como não rir.

A partir de agora, daremos início às oficinas. Propusemos cinco delas para um trabalho em equipe ou individualizado.

18.1 Oficina I: relaxar, aproximar e motivar

Essa atividade permite criar no grupo relaxamento e motivação, gerando um momento de descontração e leveza. O tempo para a realização será de meia hora. Depois disso, deixe o momento para que possam conversar e interagir. Deve-se focar no objetivo proposto.

Prepare vídeos curtos, de humor, com palhaços e piadas stand up para que o grupo possa aproveitar. Não se deve esquecer-se da idade e do contexto com os quais se está trabalhando. Caso seja um grupo com várias faixas etárias, deve-se intercalar os materiais para que todos possam aproveitar. Organize o espaço em que as pessoas possam olhar-se o tempo todo. Podem permanecer sentadas em almofadas ou cadeiras em forma semicircular. É necessário proporcionar muita descontração.

Essa oficina pode ser aplicada durante seminários, cursos, entre outros eventos para relaxar, aproximar ou encerrar um evento. É muito útil para motivar pessoas ou grupos que estão em tratamento de saúde para ajudar na recuperação.

18.2 Oficina II: contação de piadas

Essa oficina, que dura aproximadamente uma hora, é para um grupo que já tenha um convívio e se conheçam, pois devem ficar à vontade. O objetivo não é gerar constrangimento e sim risadas. Deve-se preparar com antecedência e avisar o grupo previamente que terá uma atividade do riso e que cada um traga de uma a três piadas. É importante enfatizar que o objetivo é rir muito.

Organize um espaço alternativo. Se possível, em contato com a natureza de forma que todos possam se observar o tempo todo. Em geral, quem está organizando a atividade conhece a turma e sabe quem serão os melhores contadores de piadas. Nem todos estarão motivados a participar, pois muitos não têm habilidades para a contação de piadas. É muito importante respeitar a individualidade de cada um.

Assim como a organização do espaço deve ser feita com antecedência, conversar com os participantes para ter a certeza de quantos contadores de piadas irão participar é importante para organizar o tempo e dar chances para que todos participem. Muitas habilidades emocionais podem ser desenvolvidas em uma oficina como essa. A empatia, a valorização do outro, a comunicação e a criatividade são apenas algumas das habilidades que serão despertadas.

18.3 Oficina III: imitação engraçada

Para a realização dessa proposta é necessário aproximadamente 1 hora e 40 minutos. Deve-se observar o contexto para a escolha de um tema que se adapte melhor e atinja os resultados esperados. Para isso, cada indivíduo do grupo deve escolher a pessoa que vai imitar, pode ser famoso, artista, filósofo, pode trabalhar em contexto descontraído ou se for um profissional da educação, focar em algum conteúdo da sua disciplina para avaliar e ter uma nota. Use e abuse da criatividade, mas conte aos outros.

A atividade deve ser organizada com antecedência, converse com o grupo e o direcione com algumas dicas.

- Assistir a vídeos ou a gravações para acentuar o sotaque, o ritmo, o tom de voz e a linguagem corporal.

- Observar a expressão ou palavra que a pessoa utiliza nas conversas com mais frequência, talvez ela até tenha um bordão.

- Treinar, imaginando ser a pessoa a quem irá imitar para desenvolver a criatividade e reproduzir melhor o ato.

- Escolher da melhor forma os indivíduos que serão imitados, deixar livre ao grupo ou indicar de acordo com o contexto que se deseja trabalhar no momento.

- Determinar cinco minutos para cada apresentação e oportunizar a descoberta de cada um. Incentivar a conclusão da apresentação.

- Para concluir o caminho será: primeiramente, escolher o tema, ouvir os participantes e ajudar no que for preciso. Prepare um ambiente descontraído e decorado com a proposta sugerida. Após isso, é só apoiar os participantes e colher o *feedback* do grupo.

18.4 Oficina IV: mímica

A mímica é uma forma de expressão artística em que se colocam pensamentos, sentimentos, gestos e sinais por meio da linguagem corporal. Não se utiliza a linguagem verbal. Essa técnica aumenta a capacidade de raciocinar, da criatividade, melhora o relacionamento social, equilibra os dois hemisférios e desenvolve a empatia entre os membros do grupo. Os temas podem ser filmes, objetos, fatos históricos ou pessoais. Sempre se deve levar em conta o contexto que se quer vivenciar.

Para a efetivação dessa técnica, o espaço deve ser organizado de forma adequada. Espaços alternativos são interessantes como a grama, o chão, um teatro, entre outros. O número de participantes para a mímica deve ser reduzido, pois a maioria fará parte do público. Observar e apoiar aqueles que realmente gostam da arte da encenação é um bom caminho para o estímulo e a segurança dos "atores".

A apresentação poderá ser feita para contar uma história pessoal ou profissional, uma história engraçada, motivacional, estratégias de venda, entre outras. Independentemente do tema, será um treino para desenvolver novas habilidades no grupo.

Aos profissionais da educação, essa técnica pode ser a adaptação de um livro que está sendo lido, de fatos históricos que estão sendo estudados, trechos de filmes do momento ou homenagens a pessoas em dias especiais. Relatar eventos, fatos que impactaram o mundo e acontecimentos importantes do ano por meio da mímica é uma forma de encerrar um ciclo, ou comunicar algo que pode gerar transformação no grupo.

A atividade pode ser desenvolvida por meio de um show de talentos ou uma gincana com premiação, que pode ser organizada nas instituições formais e informais de ensino.

As orientações propostas seguem as da imitação, já sugeridas anteriormente.

- Assistir a vídeos para focar no sotaque, no ritmo, no tom da voz, na linguagem corporal, nos movimentos do corpo e nas expressões faciais. Fazer uso do espelho para o treino e, se possível, gravar vídeos desses treinamentos para uma análise dos avanços e melhoria da performance.

- Observar a expressão ou palavra muito utilizada.

- Atuar imaginando-se como a pessoa a ser imitada, isso desenvolverá a criatividade e estimulará a reprodução das falas, dos movimentos e do comportamento de quem se quer imitar.

18.5 Oficina V: momentos felizes e engraçados que passamos juntos

Essa atividade é direcionada para grupos que convivem há bastante tempo, como famílias, amigos e outros grupos que dividem o mesmo espaço. A atividade desenvolvida aqui trabalha com recordações atuais ou de décadas passadas. Podem ser datas comemorativas como natal, aniversários, viagens, entre outros.

As recordações engraçadas e felizes serão contadas por uma pessoa de cada vez, cuja escolha pode se dar por sorteio ou por indicação do grupo, dependendo do nível de profundidade no relacionamento. Esse momento pode ser utilizado para fazer o encerramento de um ciclo em que os pontos positivos irão fortalecer os laços afetivos. Essa atividade pode ser introduzida nas famílias como uma forma de *feedback* dos pontos positivos.

19

FEEDBACK

Feedback é uma ferramenta utilizada para pedir uma avaliação pessoal a outra pessoa, pode ser sobre alguma área da vida ou uma visão geral. Serve, também, para oferecer uma avaliação a alguém ou a um grupo com o intuito de reconhecer as potencialidades e encontrar os pontos que devem ser melhorados.

Nesse processo é possível melhorar as ações, reações e posturas, a forma como se comunica, além de avaliar o relacionamento com o grupo, amigos ou família. O *feedback* oportuniza uma mudança positiva, pois é um trabalho de alto desenvolvimento que oferece elogios e críticas. Por isso, deve haver ampla disposição para ouvir e agradecer o que escutou, não fazer interferências no momento ou justificar o porquê aquilo aconteceu ou deixou de acontecer.

A imparcialidade no momento é fundamental para conseguir resultados efetivos. Os apontamentos devem ser feitos depois de um dia ou mais, para que haja reflexão e observação do que deveria ter sido diferente no processo de comunicação interpessoal e nos relacionamentos, sejam eles íntimos ou profissionais. Pedir e/ou dar o *feedback* fecha o círculo de todo o processo e propicia melhoria em ambas as partes.

O processo do *feedback* revela as quatro facetas de um indivíduo. Segundo Joseph Luft e Harry Ingham[12], eu cego, eu secreto, eu aberto e eu desconhecido:

- Cego qualidades que não vejo, mas que os outros sabem que tenho porque conseguem ver e perceber.

---

[12]   LUFT; INGHAM apud LUZ, 2017.

- Secreto qualidades que sei que possuo, mas que busco esconder dos outros.

- Aberto mostro qualidades que tenho e que os outros também veem.

- Desconheço qualidades que nem eu, nem os outros conseguiram perceber ainda.

Durante o processo de *feedback*, há a oportunidade de saber o que as pessoas estão observando e avaliando. Ficarão explícitas as atitudes ainda não percebidas e nem pensadas. Desse modo, haverá maior clareza e compreensão do motivo pelo qual algumas atitudes são tomadas, quer sejam positivas ou quer sejam negativas. Esse processo de percepção pessoal e interna é fundamental para a alteração de atitudes e transformação dos aspectos negativos, bem como a ampliação dos aspectos positivos.

Um pequeno exercício prático pode levar a conhecer o "eu aberto". Em uma folha de papel, registre todas as qualidades advindas de outras pessoas — amigos e familiares. Coloque todos os pontos fortes. Essa técnica irá reforçar os valores e contribuir para uma melhor performance nos relacionamentos familiares, com grupo de amigos, no trabalho, na escola, dentre outros.

19.1 Dando *feedback*

Para dar um *feedback* é preciso ter disposição para uma avaliação consciente, consistente e madura, além de ser imparcial. Esses aspectos serão responsáveis por melhorar o indivíduo ou o grupo em questão. Os pontos fortes e os pontos fracos devem ser levantados com o objetivo de melhoria de resultados e expansão dos aspectos positivos. É primordial que o processo seja baseado em dados e fatos.

Caso a avaliação seja oral, o tom de voz não deve ser crítico ou com julgamentos para que não aumente o conflito ou acentue excessivamente os resultados negativos.

Organização do *feedback*:

- Faça perguntas objetivas, por ordem de relevância e, se possível, uma completando a outra. Aponte o que deve ser melhorado.

- Seja pontual, escolha as melhores palavras.

- Organize o tempo para que não seja interrompido. Evite fazer o *feedback* em público. Assim que terminar, saia da presença do indivíduo ou do grupo avaliado.

- Nunca justifique o que foi apresentado, mesmo que não concorde com a responsiva.

- Inicie sempre com os pontos positivos, não critique demais. Não utilize o "mas", o exercício reforça o que a pessoa ou grupo não estava fazendo. Não é necessário afirmar o que não estava dando certo, mas deve-se sugerir algo no lugar como um substituto positivo.

- Convide as pessoas do grupo para compartilhar soluções. Construa um plano com as melhores propostas. Durante essa atividade, peça para alguém anotá-las. Pode ser feito em duas rodadas: a primeira em que cada um coloca o parecer pessoal e, em seguida, a escolha das melhores propostas do grupo. Quando o grupo decide se compromete mais em realizar.

- A conversa deve ir direto ao ponto.

- O corpo fala, preste atenção na linguagem corporal. Não levante os braços, não mexa demais a cabeça, não fique andando de um lado para o outro, pois essas atitudes podem assustar.

Todo o processo de *feedback* deve ser discutido, avaliado no momento presente e depois visto, pois ele não gera resultado sozinho. Demonstrar interesse e reforçar os aspectos positivos em cada mudança injeta segurança e estimula a caminhada, pois o *feedback* não é apenas uma avaliação, mas uma ferramenta para um desempenho contínuo.

A lealdade e a sinceridade ao apontar pontos negativos nem sempre são agradáveis ao ouvinte. É fundamental que isso seja feito sem causar constrangimento. O objetivo é fortalecer as relações e colocar em movimento o desempenho contínuo.

19.2 Recebendo *feedback*

Nesse momento, quando se é avaliado, é importante demonstrar interesse e ser ouvinte ativo, não se deve ficar na defensiva. O objetivo aqui é evoluir.

Ouça com atenção, mesmo que não concorde, não justifique, não se desculpe. Aguarde um dia para poder refletir e digerir o que ouviu. Depois disso, decida argumentar sobre algo com que não concordou e proponha mudanças para a obtenção do sucesso nos relacionamentos.

É importante não compartilhar com terceiros ou com pessoas que não podem ajudar. Caso isso ocorra, perde-se o caráter de *feedback*. Acolher o que foi dito e assumir responsabilidades de forma consciente, além de fazer as mudanças necessárias, são oportunidades para começar a desenvolver novas formas de ser e agir.

Feedback é uma ferramenta que deve ser usada de imediato após um acontecimento. É capaz de resolver um mal-entendido para que não se torne um conflito. Mas, também, pode ser organizado e estruturado para atender a curto e médio prazos uma turma de alunos, um grupo de funcionários, uma família e relacionamentos íntimos. Caso aconteça posteriormente, devem ser estabelecidos dia, horário, espaçamento de tempo e objetivos específicos para cada grupo ou pessoa.

20

COMEÇANDO A RECONHECER MEU PROPÓSITO

Ter um propósito na vida faz sonhar, ter esperança e resiliência, pois se consegue, de forma mais clara, perceber o futuro e traçar metas para atingir objetivos, o que torna a vida mais prazerosa e cheia de sentido. Os sonhos são como bússolas que dão os sinais de como e qual caminho trilhar, são o combustível que ajuda a manter a saúde mental e emocional, além de trazer sentido e significado à vida.

Os questionamentos a seguir são um exercício que se deve fazer para abrir mão de modelos mentais e crenças limitantes e sabotadoras.

- Onde eu estou hoje?

- Quem sou eu hoje?

- Quem eu gostaria de ser?

- O que gostaria para a minha vida?

- Quais são os atributos que preciso ter para ser e conquistar o que quero?

- Quais atributos já possuo?

- Quais eu preciso desenvolver?

- Qual o modelo de referências a quem posso pedir ajuda?

- As conquistas geraram mudanças? Quais? Posso visualizar as mudanças no modo de falar, na vestimenta, nas sensações?

- Se estou a caminho da conquista percebo que estou motivado?

Sonhar, definir metas, fazer um plano de ação, colocar data para o sonho se concretizar são ações fundamentais. Muitos são os benefícios de se sonhar. Isso aumenta a motivação e as chances para alcançar, estimula o fazer, desenvolve habilidades, direciona e organiza a vida diária e inspira as pessoas que estão ao redor.

21

COMUNICAÇÃO: LINGUAGEM VERBAL E ESCUTA ASSERTIVA

Saber ouvir é fundamental para que se tenha relacionamentos saudáveis. A escuta assertiva deve ser desenvolvida e será responsável por gerar relacionamentos de confiança e de apoio. Ao ouvir alguém, é imprescindível escutar com capacidade emocional e intelectual a partir do referencial da pessoa, isto é, dos modelos mentais com que ela faz a leitura de mundo, com valores, crenças, traumas, experiências emocionais, culturais e sociais.

Cada ser humano é único e, também, são únicas as formas de sentir, agir e interpretar o contexto ao redor. Há uma expressão bem popular que pode resumir isso: "coloca o sapato do outro e caminha por alguns quilômetros". Perceberemos que há individualidades, muitas vezes, incompreensíveis. No entanto, o outro deve ser respeitado, e de modo algum sofrer comparações ou ser tachado de fracassado ou frágil. Devem-se considerar os estágios, os planos e as metas diferentes de cada um.

Escutar o outro sem procurar expor a opinião ou proferir aconselhamentos também é muito saudável para ambas as partes, já que nem sempre o outro está à procura de orientações, apenas necessita expor experiências, angústias, anseios e frustrações.

Ser ouvinte e oferecer atenção, olhar nos olhos e não ter como preocupação a interpretação da fala alheia é praticar a escuta assertiva.

Nesse momento, o próprio falante será capaz de ouvir-se e, muitas vezes, encontrar respostas e soluções com clareza, isso é essencial. Por isso, evite dar conselhos. No entanto, caso observe a necessidade ou pedido de conselho, o melhor é buscar estratégias para que a resposta venha por meio dos seguintes questionamentos:

- Como seria se esse problema já tivesse sido resolvido? O que estaria fazendo?

- Como estaria se sentindo?

- Onde estaria?

Esses questionamentos poderão levar a pessoa a encontrar uma solução da qual não havia observado ou, ainda, escolher um caminho que não havia pensado. Por isso:

- Nunca ouça com a intenção de responder.

- Nunca ignore o que está sendo falado, pois se a pessoa trouxe esse assunto para a conversa, é porque é importante para ela.

- Preste atenção na conversa até o final. Não finja estar ouvindo.

- Procure levar em consideração a capacidade emocional e a intelectual.

- Esteja preparado para ouvir. Ouça com atenção concentrada nas palavras, observe o tom de voz, as expressões, os movimentos e os posicionamentos corporais porque, muitas vezes, revelam mais que as palavras.

22

AUTOESTIMA

Autoestima é a percepção que cada um tem de si mesmo sobre as emoções, os pensamentos e os sentimentos. É uma avaliação subjetiva, isto é, um ato de avaliação criado por meio da própria autoimagem, mas que pode ser alterada e ampliada, se considerada positiva. Caso seja negativa, resulta em estados emocionais negativos e afeta o comportamento, a motivação e o equilíbrio físico e mental.

A autoestima é uma habilidade emocional que influencia as formas de enxergar o mundo e de se relacionar com ele. Ela traz diversos benefícios. Dentre eles:

- Aumenta a segurança, o que proporcionará mais objetividade nas tomadas de decisões e escolhas, já que haverá autoconfiança.

- Estimula a tomada de responsabilidades.

- Ajuda no enfrentamento e superação dos desafios.

- Diminui a autocrítica e a culpa pelo erro ou algo que não deu certo.

- Desperta o cuidado com o aspecto físico.

- Proporciona equilíbrio emocional, já que há maior aptidão em perceber o que é melhor e o que está errado.

- Recebe com apreço os elogios, aceitando-os sem justificativas negativas ou infundadas, ou ainda, falsas modéstia.

- Escolhe de modo objetivo as roupas e o que deseja comer, não necessita de opinião alheia para as decisões diárias nem, tampouco, da aprovação de outros para as coisas pessoais. É, portanto, mais independente emocionalmente.

- Percebe e desenvolve novas habilidades necessárias para suprir necessidades e carências.

Devemos levar em consideração que a autoestima está ligada diretamente com cinco outras habilidades emocionais como o auto-conceito, ou seja, opiniões sobre mim mesmo; a autovalorização, o quanto me respeito e me valorizo; a autoeficácia, o quanto acredito em mim e nas coisas que sou capaz; a autoconfiança, o quanto confio em mim e quanto isso gera entusiasmo; e, por último, a autoacei-tação, o quanto me aceito. Essa aceitação deve estar em harmonia com as necessidades de mudanças. Identificar o que incomoda, seja no aspecto físico, nos hábitos e nos costumes, é sinal de maturidade e propicia a construção de um novo hábito ou rotina.

Conectar essas habilidades traz um crescimento no desenvol-vimento emocional.

22.1 Autoestima por meio do autoconhecimento

O autoconhecimento é uma ferramenta para desenvolver a alfabe-tização emocional, que é tão importante quanto à alfabetização intelec-tual. Quando se tem conhecimento dos pontos fortes, das limitações e dos motivos que levam ao desânimo e à desmotivação pessoal, torna-se mais fácil a correção por meio das habilidades supracitadas, o resultado é o restabelecimento do equilíbrio. Buscar ajuda por intermédio de uma conversa com alguém de confiança, fazer a leitura de algum livro que vai ao encontro da necessidade que se apresenta no momento, assistir a uma videoaula que trate do assunto e, por fim, colocar algo novo em prática para obter mudanças trarão resultados excelentes e animadores. Não se deve continuar com os mesmos pensamentos e erros.

Dicas importantes para compreender um desequilíbrio momentâneo:

- Quais situações que ocorrem no meu dia a dia que me desmotivam?

- Quais são as situações que equilibram?

- Consigo perceber quais são os motivos das minhas reclamações?

- Quais situações me trazem tristeza ou pensamentos negativos?

- Quais situações me afetam negativamente: o relacionamento com a mãe, com o pai, com o irmão, com o professor, assistir à TV e ver só tragédias e notícias ruins, entre outros?

Com alguns questionamentos é possível começar a entender o que está ocasionando desconfortos e desânimos. A partir desse entendimento, é possível buscar novas estratégias para que tudo seja diferente. Com relação ao que é imutável (o frio, calor, a chuva), deve-se buscar uma atitude contrária. O agradecimento pode ser um bom começo, pois todos esses fenômenos equilibram o planeta para que haja controle de temperatura, de poluição e produção de alimentos. Sempre que não for possível mudar alguma coisa é preciso procurar um ponto positivo para agradecer. Caso não seja possível encontrá-lo, é necessário ressignificar o modo como se está observando. A imutabilidade de algo, como já mencionado, deve servir de suporte para pesquisas em livros, vídeos e conversas com pessoas que foram capazes de superar os desafios. Observar pessoas que ultrapassaram limites com alta performance pode ajudar.

Repensar e analisar as qualidades que foram adquiridas e as que ainda não foram desenvolvidas podem dar início à superação dos desafios. É importante perceber que, ao voltar-se aos questionamentos anteriores, surgirão várias qualidades que afetarão positivamente na tomada de decisão, além de possibilitar um treino efetivo para as novas habilidades.

Ao desenvolver a autoestima muitos serão os ganhos:

- O que muda na minha vida se a minha autoestima aumentar?

- O que vou sentir?

- Como vou me comportar?

- O que vou pensar?

A realidade futura se constrói no momento em que se projeta o futuro. Ter claro o que se deseja e as formas como agir para a obtenção dos sonhos exclui coisas que são de pouca relevância.

22.2 Pequenos hábitos para aumentar a autoestima

Aqui, objetiva-se apresentar modos para desenvolver a autoestima por meio da inclusão de hábitos saudáveis para o corpo e a mente. Nessa proposta, ferramentas transformacionais para desenvolver a autoestima serão conhecidas. Um pequeno hábito incluído de forma consciente pode impactar positivamente. Novas posturas trazem ganhos significativos, pois ampliam a visão sobre si mesmo.

Aspectos positivos e orientações necessárias à mudança de hábitos:

- Praticar exercícios físicos aumentam os níveis de hormônios do bem-estar e, também, ajudam a manter o peso.

- Reservar um momento, semanalmente, para anotar as conquistas.

- Demonstrar agradecimento pelas conquistas e pelas coisas simples que possui (alimento, compras, elogios, conhecimento, cumprimento de metas, realinhamento de objetivos etc.). Anote tudo no caderno de autodesenvolvimento e, uma vez por mês, leia em voz alta para você mesmo.

- Praticar a leitura. Escolha o que vai ler de forma consciente. É fundamental perguntar a si mesmo se as escolhas trarão bons pensamentos, leveza, alegria, energia para vencer algum conflito, diversão, distração, se assim for, é uma boa leitura.

- Escolher programas de TV, jogos eletrônicos, séries e filmes que não contenham cenas de violência, falta de ética e desrespeito. A ausência desses pontos negativos ajuda a diminuir a ansiedade e aumentam a alegria e a segurança.

- Cuidar do visual. Não precisa gastar muito, procure vídeos gratuitos de como montar looks bonitos com o que já tem no seu guarda-roupa; faça um corte novo para o cabelo, use perfume, busque realizar uma mudança no visual, mas garanta que contenha o estilo pessoal. Isso pode dar um salto na autoestima.

- Escolher os grupos com os quais irá conviver, companhias saudáveis com quem consiga manter a autenticidade e a espontaneidade sem necessitar de fingir para ser aceito. Procure grupos que conversem sobre coisas boas e positivas. Negatividades afetam significativamente os sonhos e os planos individuais.

- Não se comparar com o outro. Cada ser humano é único, bonito e interessante à sua maneira.

- Fazer observações pessoais constantes: olhar como era no ano passado e como está agora, avaliar se há a necessidade de mudanças.

- Quando nos comparamos com os outros, estamos vendo apenas a aparência, ou seja, a representação. É necessário ver os bastidores daquela pessoa, caso contrário, isso a fará sentir-se fraca, incapaz e triste.

- Evitar as redes sociais para comparações. A grande maioria das pessoas só compartilha momentos felizes e perfeitos, distantes da vida real. Foque em você, concentre-se no quanto você está melhor a cada dia.

- Elaborar uma lista com dez qualidades. Caso não as encontre sozinho, pergunte aos seus amigos, professores e familiares. Temos muitas qualidades, no entanto, focamos apenas nos defeitos. É hora de mudar de lado e ver o seu melhor.

- Fazer uma lista dos sonhos com as metas para conquistar, isso vai gerar entusiasmo e confiança no futuro.

- Manter a postura corporal. A neurociência comprova que a forma com que ficamos com o nosso corpo ajuda na produção de hormônios do bem-estar. Assim, se quer sair de um estado negativo, alinhe a postura corporal e mude a fisiologia: pose de herói preferido e treine. Ficar em pé, levantar os braços e a cabeça pode dar mais movimento e consciência do corpo, mantendo-o mais bem posicionado.

- Para concluir, cometer erros é normal, o erro demonstra tentativa e mostra a forma pela qual não dará certo. Assim, encontrará outro jeito de fazer. Ficar triste e cansado também é normal e humano, mas isso não pode acontecer diariamente.

22.3 Teste para verificar o nível de autoestima

O teste de autoestima é um complemento importante para detectar e analisar o que se está fazendo e quais os meios para uma mudança efetiva. Siga os passos a seguir.

Pegue seu caderno do autodesenvolvimento, ou em uma folha se ainda não tiver um caderno. Divida a folha em três colunas. Vamos fazer o teste. Anote uma única alternativa para cada pergunta e vá completando os votos e preenchendo com as afirmações "sempre", "frequentemente" ou "vezes", insira uma em cada coluna dentre as três divididas na folha.

SEMPRE (significa que o faz todas as vezes);

FREQUENTEMENTE (significa que o faz muitas vezes);

ÀS VEZES (significa que o faz algumas vezes).

1. Eu me aceito exatamente como eu sou nesse momento?

2. Eu confio nas decisões que eu tomo?

3. Eu me sinto amado(a) pelas pessoas com quem convivo — amigos e familiares?

4. Eu consigo expressar o que sinto ao meu grupo de amigos e familiares?

5. Eu consigo dar opiniões quando eu quero?

6. Eu consigo dar opiniões com clareza, sem ficar nervoso?

7. Quando dou minha opinião, tenho certeza de que ela é tão importante quanto à opinião das outras pessoas?

8. Quando eu cometo erros, não me autocritico, penso que na próxima vez farei diferente e sigo em frente?

9. Eu me sinto merecedor(a) de ser feliz?

10. Eu me sinto merecedor(a) do amor das pessoas com as quais convivo?

11. Eu me sinto merecedor(a) de conquistas grandiosas no meu futuro?

12. Eu acredito que vou realizar o que planejar?

13. Eu acredito que sou capaz de conquistar os meus sonhos?

14. Eu não fico me criticando quando não dou conta de concluir o que me propus a fazer?

15. Eu não me preocupo em agradar, a todo o momento, as pessoas com quem convivo, ou fazer tudo o que elas querem?

16. Eu sei dizer "não" quando necessário?

17. Quando estou em um restaurante ou lanchonete consigo escolher o que vou comer porque sei o que gosto, assim não preciso da ajuda de terceiros?

18. Eu consigo escolher o que vou vestir sem ficar perguntando para os outros se a roupa está boa ou precisa trocar?

19. Eu não fico querendo agradar por recompensa, apenas por carinho e respeito. Quando faço algo para os outros, não espero nada em troca?

Reflexões para o teste

Se a maioria das respostas foi "SEMPRE": a sua autoestima é excelente, continue nesse caminho. Compartilhe suas estratégias com o grupo. Vai ser demais!

Se a maioria das respostas foi "FREQUENTEMENTE": a sua autoestima é muito boa, continue nesse caminho, nunca pare. Uma forma eficaz de continuar a desenvolvê-la é a inclusão de hábitos saudáveis para o corpo e a mente. Reveja alguns pontos do teste e trace estratégias para melhorar.

Se a maioria das respostas foi "ÀS VEZES": fique atento(a), pois precisará ampliar o desenvolvimento da autoestima, repensar e analisar as qualidades que foram adquiridas e as que ainda não foram desenvolvidas para dar início à superação dos desafios.

23

RECORDATÓRIO NOTURNO

A gratidão é uma ferramenta de alavancagem que leva ao reconhecimento de algo benéfico por menor que seja, de pequenos ou grandes acontecimentos. Sabe-se que expressar sentimentos é uma das práticas que beneficia a saúde de um modo geral. A prática da gratidão traz à tona sentimentos e emoções por meio das recordações, que ativam as mesmas redes neurais dos acontecimentos. Assim, seu corpo revive as mesmas emoções produzindo hormônios do bem-estar.

Segundo o psicólogo Martin Seligman[13], a gratidão gera um estado de felicidade, visto que ambas se relacionam. Além disso, trazem benefícios para a saúde mental e a emocional, pois ativam neurotransmissores que geram compaixão, confiança e esperança. Essas sensações alteram a produção hormonal regulando-a e, consequentemente, aumentam a qualidade de vida. Todo esse processo propicia focar nas coisas boas que aconteceram, mesmo que aparentemente ínfimas. O resultado é o reconhecimento de que todas as coisas são importantes, independentemente do tamanho que elas pareçam.

Construindo um caderno da gratidão

Como já abordado, a prática da gratidão é transformadora. Para isso, basta seguir alguns passos:

---

[13] SELIGMAN, 2004.

Passo 1 — compre um caderno, se tiver recurso, caso não disponha, reaproveite um caderno que tenha ao seu alcance. Decore e organize para que fique com uma aparência agradável.

Passo 2 — Crie um momento de conexão com seu caderno, pode-se ter uma intenção positiva ou uma oração.

Passo 3 — Separe as primeiras páginas para escrever uma "carta da vida perfeita" direcionada a você e ao seu futuro. Agradeça por tudo o que conquistou e planejou (sonhos, desejos, amor, profissão). Faça um exercício de visualização. Feche os olhos, veja onde estará, com quem estará, o que estará falando, qual a roupa que estará vestindo naquele momento. Conte para alguém especial que estará ao seu lado quando alcançar todas as conquistas e perceba quais serão os sentimentos e as emoções. Continue assim por alguns minutos, depois registre tudo na sua carta.

Passo 4 — Crie um movimento no caderno para que fique dinâmico e criativo. Siga o passo a passo:

Prepare-se para agradecer pelas coisas boas que acontecem diariamente, coisas simples, pela cama, pela pasta de dente, pelo chuveiro quente. Comece a observar o seu dia e descobrirá que tem muito para agradecer.

Agradeça pelas coisas que deseja conquistar, escreva uma lista com dez sonhos a curto, a médio e longo prazo, desde os pequenos desejos e sonhos, até os que levam mais tempo para serem conquistados.

Foque nos seus desejos, algo que almeja e que o fará mais feliz, realizado e cheio de paz. Essa lista pode ser reproduzida em seu caderno durante duas ou três vezes por semana. Vá substituindo a lista quando tiver conquistado os sonhos, troque por outro sonho novo.

Depois de 21 dias, pode trocar, acrescentar ou manter o que desejar. Prepare-se para agradecer por seu passado, coisas boas que aconteceram ou que outras pessoas fizeram de bom para você e sua família. Para isso, pergunte a seus familiares quem foram as pessoas que se dispuseram a ajudar. Descobrirá muitas coisas boas.

Passo 5 — Escreva diariamente em um horário que você escolher. Ajudará a ficar mais feliz, tranquilo e agradecido, o que proporcionará adormecer em um estado emocional melhor.

Essa atividade deve ser executada no caderno de desenvolvimento pessoal, que pode ser escolhido conforme seu gosto e estar na cabeceira da cama. A prática constante é utilizada para reforçar, potencializar e desenvolver a habilidade de reconhecer pequenas vitórias que levarão às grandes conquistas.

A técnica do recordatório dá início ao processo de reprogramação dos modelos mentais antigos, como já explicado anteriormente. A neurociência comprova a plasticidade do nosso cérebro, isto é, como ele é capaz de aprender coisas novas, adaptar-se e expandir continuamente. Para que isso aconteça, deve-se ter vontade consciente para querer fazer as mudanças. Durante a prática do recordatório, o cérebro aprende a fazer novas conexões neurais e entra em estados mais positivos no momento presente. Não permanece no passado, nem no futuro, mas no momento consciente.

As ações de gratidão praticadas diariamente mudarão a química do cérebro e provocará mudanças emocionais e físicas, criando novas conexões neurais, fortalecedoras e empoderadoras. O corpo começará a autorregular a produção de hormônios do bem-estar, gerando mais saúde física e emocional.

A seguir estão algumas dicas práticas para dar início ao recordatório. Importante compreender que isso não é fixo, não é uma fórmula, deve ser adaptada à rotina de sucesso com um estilo pessoal.

Gratidão dia

Anote cinco coisas em seu caderno das quais você foi grato durante o dia. Não repetir, escreva uma única vez para cada dia. Busque coisas novas e específicas do dia. Faça mentalmente, depois registre.

Gratidão passado

Converse com seus pais e parentes, a fim de descobrir acontecimentos e pessoas que ajudaram você e sua família e registre no seu recordatório.

Gratidão futuro

Pense em como você gostaria que fosse o seu futuro. Escreva cinco frases de gratidão como se já estivesse passado por esses momentos maravilhosos.

Escolha sempre os três tipos de gratidão para, assim, tornar mais motivadora essa proposta. Pratique diariamente, ou três vezes por semana, até se tornar um hábito. A cada final de mês, escolha algumas páginas e leia para você mesmo. Será surpreendente o que encontrará no seu recordatório.

24

DIÁRIO DA GRATIDÃO PARA INICIANTES

O diário da gratidão traz benefícios para saúde mental e emocional, pois ativa os neurotransmissores que geram compaixão, confiança e esperança. Essas sensações alteram a produção hormonal, regulando-a. Assim, é possível focar no que foi bom durante o dia e reconhecer que as pequenas coisas também são importantes. Agradecer pelas pequenas coisas é o princípio que levará ao reconhecimento das grandes conquistas.

Para iniciar esse trabalho é preciso organizar um caderno especial com o nome "gratidão". Deixá-lo embaixo do travesseiro e, todos os dias antes de dormir, escrever cinco coisas pelas quais deve prestar gratidão.

- Não repita o que já escreveu em dias anteriores. Procure coisas novas, comece a observar o que aconteceu no seu dia de bom, por menor que seja.

- Escolha coisas específicas do dia.

- Faça mentalmente, isso ajudará a lembrar. Depois registre no caderno. Com o passar dos dias surgirão muitas coisas que necessitam de agradecimento.

Esse pequeno exercício ajudará em uma melhor noite de sono. Finalizar o dia com boas sensações proporciona ao organismo a produção do hormônio do bem-estar.

25

GRATIDÃO PARA GRUPOS

A prática da gratidão foi estudada por diversos neurocientistas e profissionais do desenvolvimento humano. Tem trazido muitos benefícios para a saúde mental e emocional. Ela ativa neurotransmissores que geram compaixão, confiança e esperança, como já abordado. Isso provoca alteração na fisiologia, pois interfere na produção hormonal, regulando-a e ampliando os hormônios do bem-estar, como alertam as pesquisas.

Essa prática pode ser proposta para que a família, ou outro grupo, possa começar a desenvolver a gratidão. Para que haja um estímulo, é importante apresentar as pesquisas e os resultados, levando em consideração que esse processo melhorará a empatia e o fortalecimento do relacionamento afetivo do grupo.

Existem diversas formas para dar início a essa atividade. Uma decisão coletiva pode ser tomada. A seguir há algumas propostas interessantes e práticas:

- Fazer um pote ou caixa de gratidão. Colocar os bilhetes de gratidão todos os dias, ou três vezes na semana. Buscar um influenciador para fazer parte do grupo para decorar o recipiente. O externo da caixa ou pote pode ser decorado com palavras como "amor", "felicidade" e "criatividade". Depois disso, deixe papéis e canetas ao lado para facilitar a interação. Escolha um lugar de destaque em que todos possam ter acesso. Assim, cada um que passar por ali, em algum momento do dia, pode fazer o seu bilhete e colocar no recipiente.

- No final de cada mês, ou em datas comemorativas, o grupo pode sentar junto e ler os bilhetes. É uma forma de gerar tempo de qualidade para todos. Esse momento é para recordar coisas boas que já tinham sido esquecidas. É uma oportunidade para o grupo ter sensações de felicidade e bem-estar.

- Encerrar a leitura dos bilhetes com um lanche, um jantar, ou um café da manhã. É fundamental encontrar momentos para dar *feedback* dos pontos positivos que aconteceram.

26

GRATIDÃO PARA ENCERRAMENTO DE CICLO

Reconhecer tudo o que aconteceu de positivo nas experiências proporcionadas pelo ciclo é fundamental para comemorar e conhecer todas as potencialidades do grupo. É um momento em que é possível observar os resultados e a receptividade.

A organização e a estruturação das atividades podem ser apresentadas de diversas formas. Confira as sugestões seguintes.

Painel gratidão

Utilizar *post-its* ou pequenos recortes de papéis coloridos, que podem ser distribuídos ao grupo no dia do evento ou durante a semana para que possa construir um grande quadro com mensagens de agradecimentos. Com o quadro repleto e colorido, é possível fotografar, ler e, no final da atividade, cada um recolhe os próprios bilhetes e os coloca no caderno ou agenda como objeto de preferência. Cada pessoa terá a oportunidade de colar quantos bilhetes desejar. No final do evento, separar um momento para leitura e para que todos possam estar próximos do painel e observá-lo.

A atividade pode ser direcionada para as pessoas com quem convive, ou com quem conviveu em um espaço de tempo. Nesses bilhetes, agradeça aos pais, amigos, professores, familiares, gestores e funcionários. É importante contemplar todas as pessoas que puderam contribuir com a sua vida nesse período. Realizar em datas como o Natal, encerramento anual, ou algum ciclo que será encerrado para dar espaço a algo novo.

Atividades com bexigas

Essa atividade é maravilhosa e pode ser feita de forma oral e em círculo. As bexigas (quatro cheias distribuídas entre o grupo são suficientes) vão passando a cada pessoa, quem pegá-la agradece a alguém, ou algo especial. Esse momento ficará no coração de cada um.

Estimular as atividades com questionamentos e reflexões:

· Quais foram as minhas conquistas neste ano?

· Quem foram as pessoas que estiveram comigo nessas conquistas?

· Quais hábitos eu mudei? São mais positivos e saudáveis?

· Quem me auxiliou nessas mudanças?

· Quais são as pessoas novas que surgiram na minha vida e na vida da minha família? O que elas fizeram de bom para mim, para alguém do meu grupo ou para os meus familiares?

Um ambiente agradável e com música ao fundo pode ajudar na tranquilidade do local e, ainda, despertar sentimentos de paz e gratidão. É importante celebrar, ao final, com brindes, palmas, danças, ou seja, o que for mais compatível com a idade e o momento vivido.

27

LINGUAGENS DO AMOR: RELACIONAMENTOS AFETIVOS MAIS HARMONIOSOS

Segundo Gary Chapman[14], existem cinco linguagens básicas pelas quais o amor é expresso e compreendido. Cada ser humano nasce com uma forma mais evidente, entre as cinco identificadas por Chapman. São elas: palavras de afirmação, tempo de qualidade, presentes, atos de serviço e toque físico. Não existe uma única forma de amar, mas sim vários modos diferentes e complementares para expressar nosso amor pelo outro e por nós mesmos. Nesse sentido, os relacionamentos positivos estão diretamente relacionados à nossa capacidade de amar e de receber amor.

Cada pessoa tem uma linguagem principal. Ainda que se diga "eu te amo", nas outras quatro linguagens, seu pai, irmão, mãe, amigos, seu par amoroso e as demais pessoas com quem convive não receberão a mesma informação, visto que as linguagens diferem de pessoa a pessoa. O importante é usar a linguagem correta.

Para se ter relacionamentos mais equilibrados e assertivos é preciso conhecer a própria linguagem de amor e a linguagem de amor das pessoas que convivem conosco. É preciso saber expressar o amor de forma intencional e significativa para que a outra pessoa

---

[14] CHAPMAN, 2013.

se sinta amada. Chapman afirma que quando o outro recebe amor na sua linguagem primária é como se estivesse enchendo o tanque de combustível para que o carro continue andando.

Sentir-se amado é uma das maiores necessidades da espécie humana e as linguagens de amor têm um papel fundamental nesse processo. Receber amor na própria linguagem oportuniza relacionamentos mais saudáveis e equilibrados. O amor, nesse caso, pode ser considerado como um combustível emocional. Assim como o combustível do tanque do carro deve estar sempre do meio para cima para garantir que não danifique nenhuma peça e possa fazer parte de uma viagem com segurança, também é sentir-se amado, ou seja, manter o tanque emocional acima do meio. Isso ocorrendo, a felicidade, o equilíbrio e a capacidade de fazer escolhas mais conscientes e ter atitudes mais positivas diante dos seus desafios serão uma constante.

Há alguns passos para compreender as cinco linguagens de amor. Há a possibilidade de reconhecer-se bilíngue. Observe as definições e encontre a sua linguagem e das pessoas que estão com você.

Palavras de afirmação: para me sentir amado preciso ouvir palavras que me impulsionam. Gosto que as pessoas me falem palavras radiantes, pois muitas vezes tenho um sonho, mas fico inseguro. Quando ouço "você consegue, é capaz", isso me dá um impulso de coragem e segurança e, assim, consigo pôr em prática as minhas ações. As palavras de afirmação aumentam a minha autoestima e me sinto valorizado.

Tempo de qualidade: gosto de ficar perto das pessoas que eu amo, preciso de atenção total nesses momentos, não gosto que o outro se distraia com TV, celular ou faça outra coisa no momento que se propõe a ficar comigo. Quando isso acontece, sinto-me triste, desvalorizado, deixado de lado e desmotivado.

Presentes: eu me sinto amado quando recebo presentes. Toda vez que recebo algo físico, um cartão, uma flor, uma roupa, um sapato ou dinheiro em datas comemorativas, ou em qualquer momento sem que haja comemoração, sinto que sou amado, que se lembraram de mim. Isso é muito mais importante que um abraço ou um elogio.

Atos de serviço: eu me sinto amado quando o outro faz algo para mim, quando alguém me ajuda a fazer as minhas tarefas de casa, tarefas escolares, prepara a comida que eu gosto e pergunta se eu estou precisando de ajuda e faz uma parte do que eu tenho para fazer. Essas ações me trazem alegria.

Toque físico: eu me sinto amado quando recebo abraços, beijos, cafunés e quando as pessoas que gosto seguram minha mão. Isso é mais importante do que receber presentes ou ser elogiado.

Quando descobrir qual é a linguagem do amor, é importante comunicar ao grupo que pertenço, aos meus irmãos, aos meus pais, aos meus amigos, pois assim eles saberão a forma correta de expressar amor. Isso vale, também, quando se descobre a linguagem do outro. Dar amor na forma certa, ou seja, na linguagem do outro e não na própria linguagem fortalece os relacionamentos e estabelece laços afetivos equilibrados e eficazes. A sensação de ser amado gera bem-estar, felicidade, segurança, valorização e toda pessoa que está com o tanque cheio, comporta-se de maneira diferente.

27.1 Aprendendo a desenvolver e praticar

Palavras de afirmação

Para começar a praticar e desenvolver essa linguagem de amor, tenha sempre em mãos o caderno do autodesenvolvimento, pois é muito importante colocar as ações que deseja praticar.

- Anote os pontos fortes que observa no outro em seu caderno de autodesenvolvimento.

- Liste as qualidades que você observa no outro.

- Conheça os sonhos do outro e fale palavras de encorajamento e incentivo para que ele possa entrar em ação e se sinta apoiado e seguro.

Para facilitar o treino, observar em filmes e em conversas em grupo o uso das palavras de afirmação. Anotá-las no caderno e começar a utilizá-las. Com uma ou mais dessas práticas não faltarão ideias para fazer com que seu pai, sua mãe, seu filho, seu namorado e seu melhor amigo encham o tanque emocional. Seja qual for a sua linguagem de amor, comunique-a às pessoas que convivem com você.

Tempo de qualidade

O tempo de qualidade exige total atenção e foco no momento em que um está em companhia do outro. Não precisa ser por longo tempo, e sim pela qualidade do tempo, já que qualidade e quantidade são coisas diferentes.

Tempo de qualidade pode ocorrer em cinco minutos para contar sobre o dia, mas na técnica "olho no olho", sem qualquer outra atividade. Prestar atenção no tom de voz, no movimento do corpo da outra pessoa e nas expressões faciais, pois muitas emoções como amor, raiva, tristeza, entre tantas outras, podem ser observadas por meio da linguagem corporal.

Observe algumas atividades práticas:

- Faça uma lista de momentos em que fizeram algo juntos, que o outro gostou e que planejam fazer novamente.

- Pergunte o que gostaria de fazer na próxima semana ou nas férias. O que vão fazer juntos em uma data que é especial.

- Reserve um tempo diário, entre cinco e dez minutos, para fazer um *feedback* do dia. Gaste esses minutos somente com essa atividade.

- Faça uma revisão de suas histórias, semestral, trimestral ou anual. Crie uma lista de perguntas para tornar isso mais agradável. A cada vez que essa atividade for realizada, um membro diferente do grupo ou da família deve fazer uma lista de perguntas. Poderão ser explorados assuntos do seu interesse (festas de final de ano, batizados, aniversários, viagens, momentos felizes que viveram juntos e muito mais). Liste de cinco a oito questões. Todos irão responder individualmente cada questão. Essa atividade pode durar mais de uma hora. Não esqueça de que cada um tem a sua vez e não pode ser interrompido. Busque coisas legais que aconteceram para compartilharem e se divertirem.

Presentes

Se receber presentes impacta a sua vida, comunique ao outro, ou se for a linguagem de amor das pessoas com quem convive, faça isso para elas. Um presente não precisa ser caro, pode ser uma flor, a criação de um cartão, um bolo ou um jantar, basta desenvolver a sua criatividade. Algumas dicas:

- Criar a semana do presente. Adquira pequenos mimos que irá dar para aquela pessoa na semana em que planejar. Pode ser um bilhete, uma flor, um jantar, um presente que comprou. Surpreenda.

- O presente da presença é muito importante. Observe quais são os eventos das pessoas que convivem com você e pergunte a elas se gostaria que você as acompanhasse nesses momentos. Procure participar desses eventos, escolha algum que caiba no seu horário, mas não se sobrecarregue.

- Liste em seu caderno do autodesenvolvimento ideias de presente que o outro gostaria de ganhar. Se não souber, pergunte o que o faria feliz ganhar no aniversário. Com essa lista fica mais fácil um planejamento.

Atos de serviços

Sentir-se amado quando alguém faz algo prático significa que a linguagem principal é a ação de serviço. Atos de serviço são modos de ajudar o outro na prática, no entanto, não devem ser obrigações ou sobrecarregar quem executa. É preciso escolher o que for mais confortável e, assim, entrar em ação para que o outro se sinta amado.

Dicas importantes:

- Seu amigo, marido ou filho está pedindo ajuda ou reclamando de algumas atividades nas últimas semanas, escolha uma dessas tarefas e faça, mas se lembre de se sentir confortável, não se sobrecarregar, pois expressar amor ao outro não pode ser castigo ou sacrifício.

- Escolha uma tarefa diária no trabalho ou em casa que seja pequena, que não leve mais de cinco minutos e que deixaria o outro feliz. Faça essa ação diariamente. Caso não saiba o que fazer, observe as reclamações e os pedidos.

Toque físico

Toque físico é a linguagem do amor que deve ser transmitida ou recebida pelas pessoas que convivem com você. Não deve ser feita de qualquer maneira, nem a qualquer hora ou em qualquer lugar. Muitas brincadeiras inadequadas como tapinhas e empurrões não são formas saudáveis de praticar a linguagem do amor. Sempre que for praticar essa linguagem deve saber como o outro se sente e se ficaria confortável.

O toque físico ativa receptores que estão espalhados por todo o corpo. Esses receptores são transportados até o cérebro decodificados por meio das sensações recebidas. Para que o toque físico seja recebido como uma linguagem de amor, deve despertar sensações positivas e não causar desconforto ou constrangimento.

Praticando o toque físico

- Comece a se observar e veja qual ou quais toques físicos são mais importantes para você, comunique ao outro como gostaria de receber carinho. Pode ser por meio de despedidas com beijos e abraços, andar segurando as mãos, dentre tantos outros. Fique atento para conhecer, também, a linguagem de amor das pessoas que estão com você e praticá-las com eficácia.

- Faça uma lista do que é importante para o outro, quais foram as formas que você já deu carinho em toque físico que essa pessoa se sentiu bem, repita sempre que estiverem juntos. Caso ainda não saiba, pergunte. Atente-se quando estão em grupos e observe quando o outro se sente feliz, veja o que reclama que não recebe e acrescente na lista.

Conhecer a própria linguagem de amor e conhecer a linguagem de amor das pessoas próximas é fundamental. Faça o teste da linguagem de amor e passe para outras pessoas. Juntas, comecem a pôr em prática essa ferramenta tão valiosa.

27.2 Teste da linguagem do amor

Como já mencionado, Gary Chapman desenvolveu o conceito das cinco linguagens do amor. Cada ser humano nasce com uma forma de identificar, dar e receber amor, o que chamaremos de "linguagem".

Não existe uma única forma de amar, mas sim vários modos diferentes e complementares de expressar nosso amor pelo outro e por nós mesmos. Nesse sentido, os relacionamentos positivos, isto é, mais felizes, estão diretamente relacionados à nossa capacidade de amar e de sermos amados. Enfim, cada pessoa tem uma linguagem principal.

Para descobrir qual a sua linguagem no amor, realize o teste seguinte. Anote em uma folha a alternativa escolhida em cada pergunta. Escolha aquela que mais representa você, depois conte quantas vezes cada letra se repete. Não se esqueça de compartilhar o resultado do teste com as pessoas que ama, para que isso fique mais confortável, faça em um momento especial.

a. **Palavras de afirmação**

b. **Tempo qualidade**

c. **Presentes**

d. **Atos de serviço**

e. **Toque físico**

Dica extra: para registar suas respostas, construa uma pequena tabela e anote!

A	B	C	D	E

1.

A – Gosto de receber elogios e palavras de afirmação.

E – Gosto de receber abraços.

2.

B – Gosto de passar um tempo a sós com alguém especial para mim.

D – Sinto-me amada(o) quando alguém me oferece ajuda prática.

3.

C – Gosto quando ganho presentes.

B – Gosto de visitas sem pressa com amigos e entes queridos.

4.

D – Sinto-me amada(o) quando as pessoas fazem coisas para me ajudar.

E – Sinto-me amada(o) quando recebo carinho, isto é, quando as pessoas que gosto me tocam.

5.

E – Sinto-me amada(o) quando alguém que eu gosto me envolve com um abraço.

C – Sinto-me amada(o) quando recebo um presente de alguém que amo.

6.

B – Gosto de sair com amigos e entes queridos.

E – Gosto de bater palmas ou ficar de mãos dadas com as pessoas que são especiais para mim.

7.

C – Símbolos visíveis de amor (presentes) são importantes para mim.

A – Sinto-me amada(o) quando as pessoas me elogiam.

8.

B – Gosto de me sentar perto de pessoas queridas.

A – Gosto que me digam que sou atraente/bonita(o).

9.

B – Gosto de estar com amigos e entes queridos.

C – Gosto de receber presentes de amigos e entes queridos.

10.

A – Adoro saber que a pessoa me aceita do jeito que sou.

D – Sei que alguém me ama quando ele(a) me ajuda.

11.

B – Gosto de estar junto e fazer coisas com amigos e entes queridos.

A – Gosto quando me dizem palavras bondosas.

12.

D – O que a pessoa faz me afeta mais do que aquilo que ela diz.

E – Os abraços me fazem sentir incluída(o) e amada(o).

13.

A – Aprecio os elogios e tento evitar as críticas.

C – Vários presentes pequenos significam mais que um grande.

14.

B – Sinto-me íntima(o) de alguém quando estamos conversandoou fazendo coisas juntos.

E – Sinto-me mais perto dos meus amigos e entes queridos quando eles tocam no meu ombro, seguram minhas mãos ou me envolvem em um abraço.

15.

A – Gosto quando as pessoas elogiam minhas realizações.

D – Sei que as pessoas me amam quando fazem mais coisas para mim do que para si mesmas.

16.

E – Gosto de ser tocada(o) quando amigos e entes queridos passam por perto.

INTELIGÊNCIA EMOCIONAL NA PRÁTICA

B – Gosto quando as pessoas me ouvem e mostram interesse verdadeiro pelo que estou dizendo.

17.

D – Sinto-me amada(o) quando amigos e entes queridos me ajudam.

C – Gosto realmente de receber presentes de amigos e entes queridos.

18.

A – Gosto que as pessoas elogiem minha aparência.

B – Sinto-me amada(o) quando as pessoas dedicam seu tempo para entender meus sentimentos.

19.

E – Sinto-me segura(o) quando uma pessoa especial toca em mim.

D – Aprecio as muitas coisas que pessoas especiais fazem para mim.

20.

C – Gosto quando uma pessoa querida me presenteia com algo que ela fez especialmente para mim.

B – Aprecio o sentimento que tenho quando alguém me dá total atenção.

21.

D – Eu amo quando alguém dedica seu tempo para fazer um serviço para mim.

C – Sinto-me amada(o) quando recebo presentes de uma pessoa especial no meu aniversário.

22.

A – Sinto-me amada(o) quando recebo uma declaração de amor ou palavras significativas no meu aniversário.

C – Sei que a pessoa está pensando em mim quando me dá um presente.

23.

D – Sinto-me amada(o) quando a pessoa me ajuda nas tarefas diárias.

B – Adoro quando alguém me ouve com paciência e não me interrompe.

24.

C – Amo quando sou surpreendida(o) em dias especiais com um presente.

D – Gosto de saber que os meus familiares estão empenhados em me ajudar nas tarefas diárias.

25.

B – Gosto de fazer viagens longas com alguém que é especial para mim.

E – Gosto de beijar ou ser beijada(o) pelas pessoas com as quais tenho intimidade.

26.

C – Receber presentes sem qualquer razão especial me deixa super feliz.

A – Adoro ouvir que sou amada(o).

27.

B – Gosto que a pessoa olhe para mim enquanto conversamos.

C – Presentes de amigos ou entes queridos são sempre especiais para mim.

28.

E – Sinto-me bem quando um amigo ou ente querido me abraça ou me toca carinhosamente.

D – Sinto-me amada(o) quando a pessoa faz com entusiasmo o que pedi.

29.

E – Preciso ser abraçada(o) ou receber algum toque de carinho todos os dias.

A – Preciso de palavras de afirmação e elogios todos os dias.

28

CONHECENDO
O CÉREBRO

Ter conhecimento do funcionamento do cérebro e dos mecanismos de ação é muito importante para a compreensão das diversas
reações humanas. O neurocientista Paul Maclean[15] busca fazer uma
mudança do *mindset*, ou seja, da configuração dos pensamentos, da
maneira como uma pessoa pensa. Segundo Maclean, na Teoria do
Cérebro Trino, desenvolvida nos anos 1970 e apresentada em 1990, o
cérebro está dividido em três unidades funcionais distintas: o reptiliano, o límbico e o neocórtex.

Conhecer cada parte do cérebro oportuniza a fazer escolhas
mais conscientes, também leva à ativação das áreas que trarão uma
comunicação mais assertiva, além da possibilidade de fazer a reprogramação do modelo mental atual, pois se passa a reconhecer e
compreender atitudes, posturas e emoções diante da tomada de ações.
Por meio de pesquisas, o neurocientista entende que cada uma das
três partes é responsável em executar funções que são indispensáveis
para a sobrevivência e que, se trabalhadas, podem oferecer qualidade
de vida física, emocional e espiritual.

A primeira parte é o reptiliano, do qual já nasce com ele, é o
menor e está localizado acima da medula espinhal, é o que mais
influência nas tomadas de decisões. O reptiliano está ligado à parte
irracional instintiva, isto é, ao agir por instinto sem conseguir refletir
antes da tomada de ação.

---

[15] MACLEAN, 1990.

Quando acontecem brigas no trânsito, em jogos de futebol ou em outros lugares quaisquer, em que as pessoas estão discutindo, gritando ou cometendo alguma violência física, é possível reconhecer rapidamente que estão agindo de forma primitiva, isto é, com o reptiliano. Nesses momentos serão gerados danos e prejuízos irreversíveis que podem comprometer a parte física e emocional. Prestar atenção e começar a desativar o cérebro reptiliano durante as tomadas de decisões e ações diminuirão brigas e conflitos.

O cérebro reptiliano é necessário e importante, pois é responsável por tudo o que fazemos sem perceber, como os movimentos involuntários, respiração e tudo o que está relacionado à sobrevivência e às necessidades básicas do ser humano. É acionado se relacionado ao sistema de luta, fuga, ou em algumas situações que necessitam de ações muito rápidas para garantir a sobrevivência, mas ficar em estado de luta e fuga o tempo todo pode gerar danos emocionais e físicos, pois vicia o corpo a ficar em situações de ansiedade, produzindo hormônios do mal-estar no corpo.

O homem das cavernas vivia em perigo eminente. Muitas vezes, quando saía de sua casa para caçar, ele era a caça, então, precisava estar preparado para decidir, em segundos, se iria lutar, fugir ou esconder-se para não morrer naquele momento. Era preciso ativar o cérebro reptiliano. Hoje, devemos levar em consideração que o perigo é outro, na maioria das vezes, ele é interno, mental, emocional e psicológico. Não encontraremos um leão no meio da rua, mas um trânsito agitado, uma pessoa descompensada e brigas. Nesses momentos, é necessário desativar o cérebro reptiliano e ativar outras áreas mais nobres para diminuir os danos que possam ser causados.

O segundo cérebro é chamado de sistema límbico e foi herdado dos mamíferos. É desenvolvido entre zero e cinco anos, sendo programado até os sete anos, aproximadamente. Ele é responsável pelas escolhas que são baseadas em parâmetros de experiências positivas ou negativas que tivemos durante esses anos. Nesse cérebro, ficam registradas todas as nossas memórias, emoções e hábitos.

O sistema límbico é fundamental, pois por meio dele temos emoções que podem despertar carinho, compaixão, amor e muito mais. Por outro lado, as crenças negativas, limitantes que prendem e não deixam ir além, ou ainda, fatos e experiências que aconteceram e que construíram as memórias negativas e afetam nas tomadas de ações, podem levar à raiva, à indignação e ao medo. Nesse sentido, deve-se ressignificar as experiências negativas por meio de ferramentas como terapias, meditação, programação neurolinguística, ou aquela com a qual mais se adaptar, assim terá resultados melhores.

O terceiro cérebro é o neocórtex, a maior área cinza. Leva de zero aos 20 anos para finalizar o desenvolvimento e é a área responsável pela razão, pelo estado potencial de reflexão, pensamentos, sentimentos, emoções, posturas e atitudes. Quando essa área está ativada, desenvolve emoções mais positivas, escolhas mais assertivas e tomadas de decisão diante dos desafios com mais ética, sem gerar prejuízos individuais para si ou para o grupo.

A vantagem de ativar o neocórtex é reprogramar o modelo mental. É fundamental reconhecer e compreender que as experiências geram memórias emocionais que ficam registradas no sistema límbico, mas é possível escolher formas positivas e evitar prejuízos, como:

- Torne-se mais justo.

- Escolha de forma mais consciente. Não fique preso às experiências negativas do passado, nem do futuro, escolha uma forma naquilo faça sentido no momento.

- Conheça melhor quais são as sensações internas.

- Reconheça os estados emocionais.

- Fique no momento presente.

- Aproveite os momentos presentes com mais qualidade e perceba o que é bom ou ruim.

- Conquiste estados emocionais mais equilibrados, como calma e serenidade.

- Use melhor o potencial interno.

- Diminua brigas e discussões desnecessárias que não levarão a resultado nenhum e só aumentam o conflito.

- Aumente o autocontrole diante dos desafios.

- Desenvolva o autoconhecimento.

Conhecer o funcionamento do cérebro por meio das três partes estudadas pela neurociência pode trazer ferramentas para que se obtenham resultados mais eficazes e assertivos.

28.1 Ensinando o cérebro a tomar novas decisões

O neocórtex, ou cérebro racional, é responsável pela elaboração do pensamento e do planejamento, além de atuar nos cinco sentidos. É a maior área cinza, como abordado anteriormente. O neocórtex pode ser ativado e, para isso, têm-se várias formas de fazer. Aqui, trataremos da respiração consciente.

Para realizar a respiração consciente, basta respirar profundamente e soltar devagar. Atente-se ao ar que entra e sai por até trinta segundos. Esse é o tempo que leva para que o cérebro seja desativado diante de um desafio. Quando praticada antes de falar, agir ou uma tomada de decisão, desativa o sistema reptiliano, passa-se pelo sistema límbico e entra em contato com os registros de experiências já vividas ou semelhantes às daquela situação. Se a experiência for positiva será ótimo, mas se for algo negativo, tem-se a oportunidade de inibir a ação.

A ativação do neocórtex nos permite acessar a racionalidade de forma mais reflexiva, isto é, fazer o uso da lógica juntamente com as emoções mais equilibradas, refletindo em uma ação e em uma fala mais coerente em relação à situação na qual está. Essa reflexão atingirá o cérebro e o coração, o que resultará em uma tomada de decisão mais ética possível, atenuando os danos nocivos às relações, pois agir por instinto pode levar à violência física e verbal.

28.2 Ativando o neocórtex por intermédio da respiração consciente

Prepare-se para cada vez que for tomar uma decisão ou falar com alguém. Em algum momento de estresse ou nervosismo, respire e conte por trinta segundos. De forma consciente, respire profundamente e solte devagar. Esse é o tempo suficiente para que o seu cérebro saia do sistema reptiliano e passe pelo sistema límbico, o que proporciona a tomada de decisão com o neocórtex. A prática diária instala hábitos novos e diminui respostas grosseiras e conflitos, gerando relacionamentos mais felizes e eficazes.

28.3 Respiração consciente para a ativação do estado de pleno potencial

Para atingir o estado de pleno potencial, é preciso desacelerar as ondas cerebrais. O estresse do dia a dia e da rotina deixa a mente e o corpo acelerados. A respiração consciente diafragmática é aquela que pode ser chamada de respiração dos bebês, ou seja, quando o abdômen se enche e, após isso, contrai para esvaziar os pulmões totalmente. Essa respiração aumenta a capacidade pulmonar e a compreensão das formas erradas de respiração.

Muitas vezes, apenas o tórax é que se movimenta nas respirações e inspirações, isso não oxigena adequadamente os pulmões e, consequentemente, o cérebro, o que pode afetar o físico, o emocional e o cognitivo.

A respiração consciente deve ser praticada de oito a dez minutos diários. Pode ser feita por mais de uma vez ao dia e tem a capacidade de ajudar a relaxar o corpo físico, músculos, acalmar a mente, equilibrar os hemisférios cerebrais e trazer mais foco, concentração e disposição para as atividades que se propõe a fazer, como ler, estudar e trabalhar.

Alguns benefícios da respiração consciente em cada horário do dia:

- Pela manhã, melhora o foco, a concentração, traz mais disposição para dar início ao dia.

- Aumenta a calma e traz consciência para as tomadas de ações.

- À tarde, traz mais equilíbrio para o dia, diminui o estresse, a ansiedade e traz de volta o foco e a disposição.

- À noite, prepara o corpo e a mente para um sono tranquilo, pois faz uma limpeza mental, relaxa e acalma o corpo.

É importante escolher um momento apropriado. Não é difícil, basta criar um hábito para que isso aconteça. Estabeleça um horário dentro da rotina de sucesso para que se possa praticar. Reveja o poder do hábito e entenda que são necessários de 20 a 30 dias para levar o cérebro a fazer uma nova atividade sem procrastinar. A respiração consciente pode e deve ser feita de acordo com a capacidade respiratória individual. É dividida em ciclos, em que a inspiração é menor que a expiração ou inspiração e expiração em ciclos do mesmo tamanho.

Observe a seguir algumas formas de realizá-la. No entanto, é possível adaptá-la à capacidade individual e, com o passar do tempo, aumentar o tamanho dos ciclos.

A respiração com ciclos de mesmo tamanho se dá inspirando e contando até quatro. Após esse tempo, solte contando até quatro novamente. É possível, também, inspirar contando até cinco e soltar contando cinco novamente. Organize o ciclo, isso garantirá equilíbrio e relaxamento.

A respiração com ciclos maiores para a inspiração é feita contando até três, e até seis para a expiração. É um ciclo mais demorado, no entanto, o relaxamento acontece de forma mais rápida. É possível períodos de quatro em oito, ou cinco em dez, de acordo com a sua capacidade pulmonar.

A respiração consciente praticada diariamente gera benefícios no seu dia a dia, tem efeitos físicos e emocionais por 24 horas, controla os impulsos, aumenta o autocontrole e gera emoções positivas. Pode-se utilizar um fundo musical para ajudar na respiração. Isso trará benefícios ainda maiores. Pensamentos virão, mas eles não devem ser o foco do momento. Foque nos ciclos respiratórios e nos números até a mente desacelerar.

A respiração é a arma mais poderosa contra estados emocionais negativos de estresse e ansiedade.

29

MEDITAÇÃO

É uma ferramenta que traz mais consciência sobre as formas de pensar, sentir e agir, leva a ficar no agora, no momento presente. Essa técnica desacelera as ondas cerebrais e equilibra os hemisférios, ativa o estado potencial já que acontece uma limpeza e cria o que podemos chamar de espaços mentais livres. É verdadeiramente como se pegasse um balde com água, sabão, vassoura e um pano e fizesse uma faxina, ou como aquele banho no final do dia que tira todo cansaço e sujeira do corpo exterior.

A meditação limpa e organiza o interior, isto é, o cérebro e a mente. Nesse momento, acontecem mudanças físicas, mentais e emocionais. Esses benefícios podem durar até 24 horas.

Pesquisas científicas comprovam que o Oriente sempre soube que o Ocidente precisa de muitas pesquisas para poder praticar a meditação e fazer disso um hábito diário. O pesquisador Herbert Benson[16], depois de mais de 30 anos de pesquisa no Instituto Mente e Corpo da Universidade de Harvard, constatou que os processos meditativos levam a novas conexões neurais e produz novas químicas no cérebro. Posto isso, começa a liberar hormônios do bem-estar e da autorregulação no corpo. Muitos são os benefícios dessa prática diária:

- Mantém o indivíduo no momento presente sem estar preso ao passado, pensando no que não deu certo. Não permite

---

[16] BENSON, 2017. Disponível em: https://obemviver.blog.br/2017/08/17/o-poder-da-mente-na-cura-de--doencas-o-trabalho-do-dr-herbert-benson/. Acesso em: 2 mar. 2020.

que pensamentos sobre o futuro gerem tristeza, ansiedade e desesperança.

- Equilibra os hemisférios cerebrais e ajuda a aumentar o foco e a concentração e, assim, melhora o desempenho em tudo o que se propuser a fazer.

- Diminui a frequência cardíaca e ajusta os batimentos na normalidade.

- Promove relaxamento físico.

- Aumenta o controle emocional, o que coloca um passo à frente na hora de tomar uma decisão ou de reagir.

- Possibilitam escolhas mais assertivas, ações mais conscientes, fala mais equilibrada para diminuir ou resolver conflitos ou desafios.

- Evita momentos de brigas ou reações inesperadas.

- Promove o reconhecimento de situações externas e internas e possibilita a oportunidade do afastamento delas ou à frente para tomadas de decisões corretas.

- Ajuda a melhorar a qualidade do sono.

Os benefícios são fisiológicos, mentais e emocionais, isto é, neuropsicológico, pois autorregula o corpo, permitindo o bem-estar.

29.1 Meditação

Como?

A meditação deve ser praticada com a coluna ereta, sentado em uma cadeira com as costas encostadas e com a perna fazendo um ângulo de noventa graus com o chão ou sentado em cima das pernas com a coluna ereta. As mãos devem estar sempre descansadas e relaxadas no colo viradas para cima ou para baixo.

Onde?

Sempre que for fazer a prática da meditação deve-se procurar um lugar limpo e organizado. A limpeza e a organização mandam uma mensagem positiva para o cérebro e ajudam a mente a focar e se concentrar melhor. Isso não vale só para meditação em um espaço limpo e organizado, também ajuda muito no processo de aprendizagem. Pode-se usar também um espaço ao ar livre, o contato com a natureza é ótimo e ajuda no relaxamento.

Quando?

Praticar de **oito a dez minutos diários** para começar. Com a prática, esse tempo pode ser ampliado, até atingir trinta minutos ou mais. Pode-se escolher três momentos de dez minutos, ou um tempo maior, e fazer uma única vez até que se crie um hábito.

- Pela manhã, ao acordar, torna o dia mais produtivo, mais leve, as ações com mais assertividade, já que trará consciência para cada desafio vivido naquele dia.

- À tarde, traz equilíbrio e desacelera o corre-corre que muitas vezes traz estresse. Ao dar uma pausa de dez minutos, a retomada será em um ritmo mais calmo, o corpo e a mente terão mais qualidade em tudo que fizer.

- À noite, é preciso preparar o corpo e a mente para descansar, assim se regeneram a pele, o cabelo, os órgãos e as células. O corpo precisa de um momento de descanso cheio de qualidade, caso contrário acordará indisposto e cansado. A meditação noturna melhora a qualidade do sono, traz relaxamento ao corpo, acalma a mente e desacelera os pensamentos.

Ir para cama é o momento de descanso, por isso, não leve os compromissos do dia seguinte para a noite de sono. Como já abordamos, é importante anotar previamente o que se tem para fazer no outro dia para não passar a noite pensando. Isso permite maior relaxamento e um sono tranquilo.

Uma dica para quando se pensa em excesso é ser um observador. Faça um movimento de observar. Deve-se iniciar com o momento presente e voltar até o momento em que os pés foram colocados no chão pela manhã. Não se deve objetar críticas. Faça um filme mental e não esqueça nada. Não julgue, apenas reconheça o que aconteceu no dia e acredite que da próxima vez será diferente. Expresse com oração ou exercício de gratidão uma mensagem a tudo que viveu no dia. Desenvolver a espiritualidade reflete o equilíbrio em todas as áreas da vida.

29.2 Meditação: importante saber

Essa ferramenta deve ser realizada em estado de alerta de forma consciente, sem sono e sem distração. A postura do corpo e o local escolhido influenciam diretamente nos estados meditativos.

A respiração consciente traz, rapidamente, mais relaxamento e concentração. O início do processo meditativo pode se dar com alguns ciclos de respiração consciente, isso trará mais benefícios à meditação.

A respiração diafragmática, aquela em que, na expiração, enchemos a barriga como se fosse um balão e, na inspiração, murchamos. Deve-se contrair o abdômen para a retirada do ar dos pulmões. Essa respiração, também chamada de respiração do bebê, é uma forma de desacelerar mais rapidamente e trazer o foco e a concentração para o momento presente, além de melhorar a capacidade pulmonar.

O posicionamento do corpo é fundamental, a coluna sempre deve estar ereta para se ter um benefício maior e tornar o processo de meditação mais eficaz. A disciplina corporal permite que os ciclos de respiração possam acontecer em melhor forma, trabalhando os pulmões e oxigenando melhor o cérebro e, consequentemente, as células.

O local deve estar limpo e organizado, pode ser em contato com a natureza, desde que seja um local tranquilo e que não ofereça muitas distrações. Adquirir hábito e concentração pode levar algum tempo.

30

INTELIGÊNCIA EMOCIONAL: SISTEMA SIMPÁTICO E O SISTEMA PARASSIMPÁTICO

O sistema simpático e o sistema parassimpático são subdivisões do sistema nervoso motor e fazem parte do maior sistema nervoso responsável pela parte dos movimentos voluntários e involuntários do corpo. Proporcionam reorganização, restauração ou desencadeiam um movimento de luta ou fuga.

O sistema simpático ativa o movimento de luta ou fuga, isto é, o estado de alerta para sobreviver, é um caso de urgência ou emergência em que as reações e ações precisam ser tomadas rapidamente diante da situação de perigo (acidente de carro, casa pegando fogo, fuga de um cachorro ou de um bicho que possa atacar). Nesses momentos, o corpo se prepara para lutar e vencer, para fugir e se esconder rapidamente para que não tenha danos físicos. Assim, o corpo produz rapidamente adrenalina, acelera os batimentos cardíacos, dilata as pupilas, manda sangue para as extremidades para adquirir força para lutar, correr, fugir e ficar em estado de alerta total. É uma ação instintiva utilizada para garantir a sobrevivência. Por outro lado, o sistema imunológico é desativado e ficamos desprotegidos das doenças causadas por vírus, bactérias e fungos, já que há um aumento da produção de adrenalina e cortisol.

Atualmente, o que se observa é que esse sistema está sendo hiperativado com os estímulos internos e externos negativos como estados emocionais de estresse e de ansiedade, gerados com a preocupação do futuro, pela culpa e pelo medo de acontecimentos ruins que podem vir a se repetir.

Os programas de TV despertam estados de estresse, ansiedade e medo em todo o momento. Mostram cenas de violências físicas, verbais e tragédias. Todas as vezes que o cérebro entra em contato com essas imagens e notícias negativas, constrói um estado de alerta e produz hormônios como a adrenalina e o cortisol. Para amenizar esse impacto sobre o corpo deve escolher filmes, séries, programas de TV e leituras que despertem o que se deseja sentir de forma consciente.

O perigo com o qual convivemos hoje não é o mesmo perigo do homem da caverna que necessitava de lutar ou fugir de animais selvagens porque ele mesmo poderia ser a caça. Era necessário ativar rapidamente o sistema simpático para sobreviver. O homem atual, embora não tenha a mesma preocupação, tem passado por situações de medo, pânico e total insegurança.

A ativação do sistema simpático provoca mal-estar físico e emocional e leva a doenças. É preciso encontrar formas e ferramentas para não hiperativar o sistema simpático, mas deixá-lo equilibrado e de forma organizada para que não comprometa a saúde física, mental e emocional.

O sistema parassimpático é responsável pelo relaxamento e a restauração do corpo, isto é, a autorregulação da produção de hormônios e o bom funcionamento de todos os órgãos, bem como a preservação e melhoria da digestão. Regula o sistema imunológico e protege o corpo contra doenças causadas por vírus, bactérias e fungos. A ativação do neocórtex, parte do cérebro responsável pela razão e desaceleração da mente, equilibra todo o corpo.

A vontade consciente deve ser uma constante, pois pensar, sentir e agir sempre do mesmo jeito em relação à vida não trará resultados diferentes nem positivos. Com o sistema parassimpático desativado, seu corpo ficará desregulado em todas as funções, além de ficar viciado em experiências que geram estresse e ansiedade. É importante relembrar o que se faz várias vezes e por um período maior do que 30 dias forma um hábito, ainda que de forma inconsciente. Assim, deve-se ficar consciente e escolher agir de modo que se estabeleça a preservação e a restauração do corpo e do sistema emocional.

As ferramentas que podem ajudar a ativar o sistema parassimpático são a respiração consciente, a rotina de sucesso, a meditação e o poder do hábito na vida.

31

CRIANÇA INTERIOR

O encontro com a criança interior para experimentar momentos da infância traz prazer, leveza e felicidade. Permite relaxamento, sensação lúdica, expressões do corpo e da mente sem julgamento, além de aumentar a visão mais pura da vida, o que permite cultivar sonhos antigos. O encontro com a criança encoraja o adulto a entender que não é preciso representar. Tornar-se criança leva a perceber que se pode viver mais relaxado, atentar mais para coisas básicas da vida e focar no que é essencial, não nos acessórios. Desperta a criatividade e promove observar os aspectos positivos da vida, consequentemente, torna o indivíduo mais leve.

Cada vez que se entra em contato com a criança interior, encontra-se a verdadeira essência. Os momentos de conexão inspiram o corpo, a mente e o estado emocional. Durante essa atividade, o corpo autorregula a produção de endorfina e serotonina e faz novas conexões neurais.

A ferramenta do encontro com a criança interior é uma alavancagem para melhorar os estados internos de otimismo, o nível de energia e as tensões, além de inspirar um comportamento empoderado, aumentam as chances de agir e conquistar os sonhos. Tornar-se criança ajuda a focar nos sonhos que, muitas vezes, passam despercebidos no dia a dia em virtude da correria e dos compromissos que aceleram a rotina diária.

A seguir serão apresentadas algumas propostas de atividades que poderão ser organizadas em oficinas, em grupos familiares, em sala de aula, em grupos de trabalho e em empresas.

31.1 Oficina I: música preferida da infância

Essa atividade pode ser feita no Dia das Crianças ou no Dia do Professor, podem-se unir as duas datas como forma de homenagear a ambos. Essa dinâmica promove inspiração e valorização ao grupo de professores. É possível fazer diversas adaptações dependendo do contexto. O importante é familiarizar-se com a realidade das pessoas ou do grupo.

Para a realização da atividade é necessário um celular ou um datashow que tenha conexão com a internet para que se possa fazer a busca rapidamente da música preferida de cada indivíduo que adentrar a sala.

Na porta da sala deve estar o facilitador para que já obtenha o nome das músicas preferidas dos participantes.

Com o acesso à internet e com um ajudante, coloca-se a música preferida de infância. Orientar ao participante que entre cantando e dançando junto com os demais que já estão na sala. Com o datashow, pode-se fazer o uso de imagens, o que aumenta significativamente a motivação para a dança.

Cada música poderá ficar em torno de um minuto, já que nos primeiros momentos haverá timidez. Depois, quando a sala estiver com mais participantes, todos se soltarão e dançarão juntamente com os parceiros. A primeira parte só será concluída quando todos os convidados estiverem na sala. Logo que isso aconteça, deixe as músicas tocando como se fosse uma playlist.

Coloque todos juntos para dançar por algum momento. Serão observadas muitas coisas lindas ocorrendo. Depois, deve-se abaixar o volume do som e proporcionar um tempo para que cada um possa falar sobre a música preferida. Pode ter alguma imagem ou alguma história relacionada com a música. O resultado será a melhoria dos laços afetivos do grupo e a valorização individual, ao mesmo tempo em que se sentirão inspirados e homenageados. Um lanche ou a partilha de alimentos é uma boa forma para concluir essa atividade.

31.2 Oficina II: resgatando sonhos

Essa atividade tem como objetivo resgatar os sonhos de criança e da primeira fase da adolescência. Deve ser utilizada para ajudar o indivíduo em momentos de dificuldade em escolher os sonhos, visto que ainda poderia ter fatos da adolescência e da infância que ainda gostaria de realizar. Essa técnica poderá alimentar e motivar a novos sonhos, resultando em transformação profissional e emocional. Deve--se organizar um espaço amplo e arejado no qual o grupo possa se sentar em círculo ou semicírculo. Papéis coloridos recortados, canetas, lápis de escrever e lápis de cor devem ser adquiridos anteriormente. É importante utilizar materiais lúdicos com os quais os participantes se identificariam.

Os participantes devem ser orientados a escrever uma carta para o seu eu de hoje com todos os sonhos desde criança, os que já realizaram e os que ainda não realizaram. Ao crescer, deixa-se a criatividade de lado, por esse motivo, o grupo deve ser estimulado com os seguintes questionamentos:

- Você tinha algum *hobby*?

- Quais são as comidas da infância que você ainda gosta de comer?

- O que você gostava de fazer no seu tempo livre quando criança?

- O que você gosta de fazer no seu tempo livre hoje?

- Conte um desafio que viveu e explique o que fez para superá-lo.

- Conte suas conquistas.

- O que você faz que o deixa feliz?

- O que você fazia para se divertir quando criança? Você já pensou em voltar ao tempo e praticar uma dessas brincadeiras?

- Você ainda brinca de alguma coisa que brincava quando criança?

Essas são algumas das indagações para levar o grupo a recordar. É possível utilizar, também, pequenos trechos de vídeos que contenham cenas interessantes do período da infância. Também, pode-se propor brincadeiras e jogos infantis. Criar e adaptar cada momento são imprescindíveis, já que haverá grupos heterogêneos. Peça *feedback* da atividade.

31.3 Oficina III: conte um conto

Nessa atividade, os participantes devem ser indicados com antecedência porque devem trazer algo preparado e precisam se sentir totalmente à vontade. Organize um espaço, decore com motivação infantil para gerar inspiração quando entrarem no ambiente. Aqui, os participantes irão contar uma história. Devem ser orientados como se um professor tivesse pedido uma carta no primeiro dia de aula com o tema "Quero conhecer você".

- Conte quem você é.

- Onde você nasceu?

- Quem são os seus pais?

- Quem eram seus amigos na infância? Tem contato com eles ainda?

- Qual foi a professora de infância que marcou, ou quais foram as suas professoras?

- Quais foram as peripécias que você aprontou?

- Quais eram os seus sonhos de criança?

O objetivo é homenagear as pessoas que estão na sala com uma história pessoal. As histórias podem ser contadas por meio de slides, vídeo, mural com fotos, pequenos textos ou contar oralmente. O importante é resgatar os momentos felizes e os sonhos de cada um do grupo pelas histórias daqueles que estiverem motivados e encorajados para participar.

Acolha o participante e o ajude no que for preciso para construir o material. Como serão apenas alguns do grupo, terá mais disponibilidade para acompanhar. Reserve antecipadamente todo o material que será necessário para o dia da apresentação. Ao final da atividade, pergunte a todos do grupo:

- Você ainda tem vontade de realizar algum sonho de criança?

- Você ainda tem algum sonho que se propôs e não conseguiu realizar, mas que agora pensa em realizá-lo?

Estimule o grupo a escolher alguns dos sonhos e anotar em um papel colorido que será entregue durante a atividade. Estabeleça um prazo e alguma ação para ser feita naquela semana. A atividade pode ser enriquecida com a criação de um plano de ação com sonhos para o futuro. Pode-se solicitar que escrevam sonhos para três meses, um ano ou cinco anos.

Oriente o grupo para o que se deseja conquistar para a saúde física, emocional, relacionamentos, vida financeira, viagens, entre outros desejos.

Coloque uma música de fundo e oriente para construção de um vídeo mental bem colorido com todos os detalhes para o sonho de três meses. Vá direcionando para que pensem no momento da conquista, onde estarão, qual roupa estarão usando, o que estarão comendo, com quem estarão conversando, para quem estarão contando. Deve-se ir devagar e colocar as perguntas que servirão para auxiliar aquelas pessoas que têm dificuldade de imaginar. É necessário estimular a criança interior a aumentar a criatividade e a imaginação. Essa é uma atividade para resgatar o propósito da vida e os sonhos. Sonhar, escrever e imaginar são os primeiros passos para construir o futuro e o lugar onde se deseja chegar. Se não se souber o caminho que se quer trilhar, qualquer caminho servirá.

Criados os sonhos, serão necessárias ações em curto prazo, por esse motivo, o grupo deve ser questionado e impulsionado.

- O que vou fazer?

- Como vou fazer?

- Quando vou começar a fazer?

As perguntas são importantes para entender que sem ação não se conseguirão os resultados. Oriente o grupo para que escreva as ações para a primeira semana. Cuidar do grupo para que consigam realizar os sonhos é fundamental, por isso, crie uma estratégia de acompanhamento (e-mail, WhatsApp, mensagens etc.). Sugira que comemore as conquistas, por menores que sejam. Isso motiva o restante do grupo. Deixe um momento para conversas.

32

HUMOR: UMA HABILIDADE EMOCIONAL NECESSÁRIA

O humor é um estado emocional constituído por todas as emoções geradas no ser humano por estímulos externos, isto é, tudo o que ocorre do lado de fora. Experiências do dia a dia têm impacto direto sobre a forma como as pessoas se comportam e como escolhem reagir. Formas inconscientes de reagir são tomadas em todo o momento. Sempre reagimos baseados em nossos estados emocionais, que são ativados por gatilhos mentais relacionados às nossas experiências que podem, algumas vezes, ser negativas e afetar os estados emocionais.

Estados emocionais não precisam ser permanentes, desde que não sejam alimentados e podem ser transformados. As pesquisas da neurociência e da psicologia positiva comprovam a plasticidade do nosso cérebro, isto é, a capacidade que ele tem de se adaptar e de aprender algo novo. Para isso, é necessário reconhecer e compreender aquilo que não funciona e ocasiona o mau humor para, a partir daí, criar um novo hábito. Após 30 dias de prática, como já abordado anteriormente, será instalado e fará parte do novo modelo mental. Isso significa que uma nova habilidade emocional está sendo treinada. Os estados de equilíbrio do humor melhoram durante o treinamento porque mudam a química do cérebro, aumentam e regulam a produção e a liberação de serotonina e endorfina, os hormônios do bem-estar, trazem estados emocionais mais equilibrados, fortalecem o sistema imunológico e aumentam o ânimo no desempenho das atividades.

Treinar o cérebro para ser mais bem-humorado é possível. Ações práticas para criar hábitos podem transformar o mau humor.

- Comemore as conquistas diárias. É muito importante começar a reconhecer que coisas boas acontecem todos os dias.

- Diga: "deu certo, consegui!"

- "Que ótimo!"

- Seja otimista, não fique reclamando de tudo, da chuva ou do sol. O otimismo contamina todas as pessoas ao seu redor e faz as coisas acontecerem com mais leveza. Se, naquele dia, o otimismo não realizou o que planejou, mas ajudou outras pessoas do seu grupo, já é uma conquista.

- Organize a rotina de sucesso, isso evitará muitos dissabores e facilitará a vida.

- Registre os melhores momentos da semana no caderno do autodesenvolvimento. A cada final de mês, leia os seus melhores momentos para que possa iniciar o próximo mês mais otimista, criativo e inspirado. Quando registramos o que aconteceu de bom, usamos bastante a imaginação e a criatividade, o que melhora a memória e a inteligência.

- Cultive amizades que façam bem. Amigos são aqueles que escolhemos, por isso, escolha amigos que conversem e façam coisas legais, engraçadas e bem-humoradas. Mantenha distância de pessoas negativas.

- Busque momentos de prazer. Veja o que gosta de fazer (ouvir uma música, assistir a um filme, ter um *hobby*, tirar um tempo particular, afastar-se da agitação do mundo externo e das preocupações). Busque fazer algo especial pelo menos uma vez por semana. Isso ajudará a evitar o mau humor.

- Não fuja dos desafios, eles fazem crescer. Em vez de fugir, pergunte-se o que é possível aprender e por que está acontecendo aquilo.

- Cuide da saúde com atividades físicas, banho de sol e uma boa alimentação adequada para sua idade. Essas ações evitam doenças e regulam a produção de hormônios do bem no corpo.

- Faça boas ações, traz felicidade a quem a faz e ao outro. Pode começar com um bom dia, um sorriso, doando algo, em bom estado, que não utiliza, como uma peça de roupa, um calçado ou um livro. Dar um presente a uma pessoa que não pode adquirir no Dia das Crianças e no Natal despertará gratidão e bom humor. Escolha um lar ou um abrigo e descubra uma criança, um adolescente ou uma pessoa que gostaria de ganhar algo e se programe para dar esse presente.

- Pratique a gratidão.

- Estimule o humor por meio do riso, isso é muito poderoso e tira de estados emocionais negativos rapidamente.

33

PACIÊNCIA: HABILIDADE SOCIOEMOCIONAL PARA RELACIONAMENTOS MAIS SAUDÁVEIS

A humanidade está em um momento frenético de informações, tecnologias e novas demandas exigidas pelo mundo atual. Por meio da internet, tem-se acesso rápido a muitas informações, isso criou a sensação de que tudo deve ser rápido. No entanto, esquece-se que para ter relacionamentos humanos saudáveis não se deve agir como as máquinas, pois isso prejudica e dificulta o trato com o outro. O esperar é essencial e necessário, além de ajudar nos estados físico, mental e emocional. As relações humanas precisam de um tempo maior para se processarem e alcançarem um patamar saudável. Saber ouvir de forma eficaz, ser tolerante, esperar e ser resiliente diante dos desafios, ter maior autocontrole sobre as emoções e as formas de agir demandam tempo.

É preciso, em meio às tecnologias e à inteligência artificial, ter uma tomada consciente de que não se é uma máquina, temos emoções e essas emoções influenciam mais de 90% dos nossos relacionamentos.

A alfabetização emocional deve acontecer assim como a alfabetização de linguagens e da matemática acontece nas escolas. O autoconhecimento, as ferramentas e as técnicas apresentadas constroem uma metodologia transdisciplinar para que seja desenvolvida a inteligência emocional.

O constante treino das habilidades é necessário para uma saúde emocional e, consequentemente, melhores relacionamentos, mais desempenho, foco e concentração naquilo que se propuser a fazer. O treinamento dessa habilidade emocional deve ser feito para ampliar o nível de consciência da paciência. Procure colocar em prática algumas das metodologias a seguir:

Respiração de trinta segundos

Respiração consciente. Aumenta o nível de paciência para agir de forma mais assertiva e fazer as melhores escolhas das ações para resolver desafios do seu dia a dia.

Pense em coisas boas, lembre-se de momentos felizes com amigos e familiares. Quando precisar exercitar a paciência, isto é, quando estiver no meio de um desafio diante de um conflito, ou algo que não esperava, comece a reviver um momento feliz da sua história. Isso fará com que se obtenha mais paciência e entenderá melhor o que está acontecendo no momento.

Dê pausas. Fazer pequenos intervalos no trabalho ou nos momentos de estudos com uma pequena caminhada ou alguns minutos de música relaxam e diminuem a irritação levando a ter mais paciência.

Perceba o que gera impaciência, tire uma semana ou um dia para fazer as observações, anote tudo e depois tome uma nova ação.

Pergunte-se sempre quais são as coisas que acontecem que geram impaciência, isso poderá ajudar a estar um passo à frente e poderá impedir que algo negativo aconteça.

Exemplos

1. Na hora de dividir o banheiro, seus irmãos sempre ficam impacientes porque gostariam de usá-lo naquele horário. Encontre outro horário ou estabeleça um acordo que ajude a não precisar mais passar por isso.

2. Sempre pega trânsito em algum horário que sai para trabalhar, ir à escola ou ao supermercado, isso irrita e desequilibra o humor. Faça uma troca de caminho, revise os seus horários

para encontrar um horário melhor, isso vai evitar que fique impaciente ou irritado.

3. Observe o dia para que possa perceber como pode melhorá-lo. É muito mais fácil mudar a rotina ou mudar um hábito do que enfrentar consequências negativas em virtude de um momento de impaciência.

4. Lembre-se de momentos em que foi paciente e que colheu bons resultados, reflita nas ações e nas tomadas de decisões. Relembre como foi, o que fez para conseguir ter paciência. Descubra algo que já existe e ative para ter mais momentos de paciência, diminuir os conflitos e não entrar em confusão.

Todas as ações e as decisões tomadas quando determinadas pelo tempo que eu sou capaz de esperar, geram algo maior e melhor para a vida.

34

FLEXIBILIDADE COMPORTAMENTAL: HABILIDADE EMOCIONAL PARA A VIDA

Ativar o estado potencial por meio do desenvolvimento da capacidade de adaptação aos novos ambientes e realidades é desenvolver inteligência emocional. Flexibilidade é uma habilidade emocional que representa o resultado de todas as experiências vividas na infância. Dependendo das experiências, são construídas crenças, traumas e bloqueios que podem tornar uma pessoa inflexível. Quando se é capaz de reconhecer tudo isso, é possível escolher, de forma consciente, algumas mudanças que trarão mais equilíbrio mental, emocional, físico e melhores relacionamentos.

Sabemos que a capacidade do cérebro de aprender coisas novas e se adaptar é grande. Está comprovado pela neurociência que podemos treinar novas habilidades, sejam elas emocionais, físicas ou intelectuais. Tudo é uma questão de tempo e a cada dia, com o treino, muitas habilidades podem ser desenvolvidas.

Ser flexível não é abrir mão sempre ou estar disponível a todo momento. É estar aberto para novas experiências, conhecer diferentes formas de pensar, de sentir e de ouvir, além de aprender a encarar o desconhecido como um propulsor de possibilidades e de oportunidades ao novo. No entanto, essas mudanças extraem a zona de conforto, geram medo e muitos escolhem não mudar. Por outro lado, se escolher fazer o movimento, encontrará uma nova forma de enxergar e fazer a leitura do mundo com menor limitação, ou verdades absolutas.

O que se pretende aqui, por meio desses estudos e exemplos, é ampliar o conhecimento e a mente, reconhecendo que, para que se obtenham resultados diferentes, não se deve continuar fazendo as coisas do mesmo jeito ou nunca mudarão os resultados. O treino dessa habilidade comportamental desenvolve o estado potencial, melhora o emocional, o racional, a mudança de postura e aumenta a empatia para encontrar soluções aos desafios diários.

A flexibilidade comportamental é resultado de todas as experiências, assim faz parte da personalidade. Segundo o escritor e psicólogo Daniel Goleman[17], fatores como a biologia, a genética, o nível celular dos seus ancestrais, a cultura, ou seja, aquilo que absorve do seu redor, a linguagem, as formas de se expressar, ouvir, falar a história pessoal e todas as experiências negativas e positivas que foram vividas até hoje determinam o nível de flexibilidade.

Pode-se concluir que a genética e o ambiente à volta contribuem para a flexibilidade. Mas com vontade consciente é possível conseguir mudanças significativas. Desenvolver competências e habilidades melhora todos os aspectos da vida.

Os benefícios de ser uma pessoa mais flexível é tornar-se uma pessoa melhor. Destacamos alguns, dentre tantos outros benefícios, para incentivar no desenvolvimento da flexibilidade.

- Enfrentar melhor os desafios diários e as mudanças de rotina diante dos imprevistos.

- Ter maior clareza para perceber as melhores soluções.

- Conseguir receber, compartilhar e transmitir conhecimento, pois estará mais aberto para ouvir e ser ouvido.

- Melhorar o relacionamento interpessoal, tornando-o mais saudável.

---

[17] GOLEMAN, 2012.

- Melhorar a interação com o ambiente e com os outros que estão à sua volta.

- Ampliação da criatividade.

- Ampliação do modo de observar novas possibilidades e oportunidades em todos os momentos.

- Conseguir manter o foco e a concentração nos objetivos.

- Não considerar os desafios motivadores para a desistência dos sonhos.

34.1 Práticas para desenvolver flexibilidade

A seguir serão apresentadas algumas práticas que poderão ser chamadas de perguntas de alavancagem para o desenvolvimento da flexibilidade:

- Refletir sobre o que é necessário, relevante e o que pode ser deixado de lado.

- Buscar sempre novos conhecimentos para aprender coisas novas.

- Ampliar a forma de ver o mundo.

- Utilizar a escuta assertiva.

- Aprender a ouvir e a se comunicar.

- Utilizar uma linguagem corporal mais aberta e mais assertiva.

- Evitar levantar os braços e não balançá-los demais. Não chacoalhar as pernas, não caminhar de um lado para o outro. Não fazer caretas ou movimentos demais com a cabeça quando estiver conversando com alguém ou desenvolvendo algum trabalho em grupo. Lembre-se de que o corpo fala muito mais que as palavras.

- Buscar formas para reconhecer a sua linguagem corporal e melhorá-la.

- Parar de ficar na defensiva sempre achando que todas as mudanças que estão acontecendo ou tudo o que as pessoas estão falando é para desconcertar ou prejudicar.

- Não ficar exigindo de si mesmo e dos outros o tempo todo. Cobrando melhoria e desvalorizando o que foi feito. Isso prejudica os relacionamentos.

- Faça elogios autênticos e incentive o outro a ser melhor.

- Aprenda a ouvir o ponto de vista dos outros e do grupo que estiver convivendo, pois juntos podem encontrar formas mais criativas e melhores para resolver os desafios.

- Expresse as ideias e opiniões em momentos que possam melhorar o que está acontecendo.

- Coloque seu pensamento em tempo oportuno, e não a todo o momento, para que não pareça imposição.

34.2 Teste para verificar o nível de flexibilidade

Responda "sim" ou "não" para cada pergunta. Ao final do teste, conte quantas vezes marcou uma ou outra resposta. Dessa maneira, conseguirá ver o grau de flexibilidade e conhecerá os pontos que precisam ser desenvolvidos. Poderá começar a treinar as habilidades para ficar cada dia mais flexível e poder observar as novas possibilidades e oportunidades que a vida oferece.

Esse teste pode ser feito de forma oral, em grupo ou individualmente. Anote em um papel os resultados, ou faça uma coluna para "sim" e outra coluna para "não", em uma folha de papel, para facilitar a análise.

1. Sou curioso, sempre estou querendo aprender algo novo sobre mim ou sobre alguma coisa que eu penso ser importante?

2. Sei ouvir o outro em uma conversa, olho no olho, e não fico interrompendo?

3. Aceito as opiniões dos outros, mesmo sendo diferentes das minhas, pois entendo que sou passível de erro?

4. Sou tolerante comigo e com os outros, procuro verbalizar palavras positivas sobre mim e sobre os outros?

5. Sou tolerante/compreensivo diante das situações que acontecem diferentes do que eu havia previsto?

6. Aceito de forma tranquila e paciente situações imprevistas que me obrigam a refazer minha rotina?

7. Em um diálogo, consigo manter a calma, ouvindo com paciência e atenção o que o outro tem a dizer, sem ficar fazendo conjecturas negativas sobre essa conversa?

8. Tenho as minhas convicções e ajo embasado nelas, desconsiderando as ideias propostas por outros, finjo que ouço as opiniões alheias, mas, ao final, faço do meu jeito?

9. Sou ponderado ao me pronunciar, procuro falar com clareza e ética?

10. Acredito que minha opinião seja sempre importante, por isso me pronuncio em qualquer situação, mesmo que não traga benefícios à discussão ou até cause certa indisposição no grupo?

35

EMPATIA

Empatia é uma competência comportamental que amplia a visão de mundo. Com ela, desenvolvemos a capacidade de identificar e compreender como as outras pessoas fazem a leitura de mundo. Qual é o modelo mental que ela utiliza para fazer essa leitura, como ela pensa, sente e age na vida e como as emoções afetam o seu mundo. Com esse movimento, é possível aprender a olhar sem julgamentos. Olhar pela visão do outro e não pela própria visão é bem diferente que ter simpatia, que é ter apenas afinidade.

No dia a dia, diante da correria frenética e das demandas do mundo atual influenciado pela tecnologia que acelera tudo o que acontece, podemos observar a falta de empatia e o aumento do egocentrismo. No entanto, com uma escolha consciente poderemos desenvolver essa habilidade e melhorar muito os relacionamentos.

Colocar-se no lugar do outro é uma ferramenta que pode ser treinada e é uma das ferramentas da inteligência emocional a qual ajudará a entender melhor os sentimentos, as formas de agir, fazendo com que compreendamos com mais amplitude o mundo e o que acontece ao nosso redor. Proporciona um relacionamento melhor com as pessoas e traz benefícios a todos os envolvidos (família, amigos e companheiros de trabalho) estabelecendo afinidade, respeito e tolerância no relacionamento interpessoal e profissional.

Os estudos da neurociência comprovam a capacidade que o cérebro tem de aprender algo novo, estabelecer um novo hábito e treinar. De 20 a 30 dias o cérebro irá fixar e, a partir desse tempo, ficará mais fácil virar uma prática diária. Fazer algo novo depende de mais energia e o cérebro, nos primeiros dias, tentará levar à procrastinação, mas com a prática diária, entenderá que aquele novo comando é importante. Com o passar dos dias, o cérebro irá exigir menos energia para executar a função, tornando mais fácil e mais rápido.

O treinador consciente deve ter força de vontade, ter clareza de que para estabelecer o hábito vai precisar praticar por mais de 20 dias. Colocar na rotina é imprescindível. Lembre-se sempre de que se continuar fazendo as coisas do mesmo jeito, não terá resultados diferentes.

35.1 Ferramentas práticas para desenvolver a empatia

Seja seu próprio treinador. Comece agora a criar hábitos!

- Cultive curiosidades sobre estranhos, quando tiver oportunidade.

- Converse com uma pessoa fora do seu círculo de amizade, no ônibus, nas praças, em eventos, claro que de forma segura. Quando conversamos com alguém fora do nosso circuito social, podemos ter contato com novas formas de viver e pensar.

- Observe, por meio do diálogo, como a pessoa pensa e sente. Conheça os modelos mentais, entenda a forma como ela atua no mundo.

- Evite estabelecer preconceitos.

- Não julgue sem conhecer. Aquele que julga se baseia nos próprios conceitos ou sobre algo que já passou. Olhar apenas a partir da própria experiência estabelecerá preconceito.

- Procure observar as diferenças e os problemas com calma, depois procure semelhança com o que já viveu, isso gerará mais harmonia e tornará mais fácil o respeito e estabelecerá uma comunicação mais assertiva.

- Experimente a vida do outro antes de fazer qualquer crítica. Viva a experiência de estar no lugar do outro. Verifique os fatos que ele enfrentou, a família da qual veio, as dificuldades que teve e quem é hoje.

- Ouça os outros de forma assertiva. Essa atitude gera bastante empatia nos relacionamentos.

- Seja delicado e gentil quando não puder dar atenção a alguma pessoa. Marque outro momento em que terá total disponibilidade para ouvi-la com tempo e calma. Essa atitude ajuda o outro a sentir-se atendido e respeitado. Caso contrário, demonstrará desrespeito e indiferença, ações que poderão gerar desequilíbrio nos relacionamentos.

- Desenvolver uma linguagem corporal assertiva para diminuir a violência na comunicação e ampliar os processos de empatia pois, muitas vezes, a expressão do rosto e do corpo verbalizam muito mais que palavras.

- Não demonstre tédio ou cansaço com expressões faciais no momento em que estiver falando com alguém, olhe nos olhos, sorria, posicione o seu corpo de forma que não expresse pressa ou tédio.

- Peça *feedback* no seu trabalho e nos relacionamentos. Essa é uma forma de desenvolver empatia e conhecer-se por meio das pessoas com quem convive.

- Perguntar às pessoas o ponto de vista delas sobre algumas situações pelas quais estão passando. Refletir e enxergar a partir de ângulos diferentes ajuda a encontrar oportunidades e possibilidades que não estavam no campo de visão. Uma nova forma de ver ajuda na resolução de conflitos e de desafios e propicia manter focados os sonhos e as conquistas.

36

SINAIS VISUAIS: AUMENTO DE FOCO E DESEMPENHO

A mente precisa ser lembrada, é possível a utilização de mecanismos para adquirir novas responsabilidades, criar hábitos e desenvolver uma rotina de sucesso. Esse movimento pode ser feito por meio de um sinal visual. Essa técnica cria arquivos que substituirão os antigos. O sinal visual deve ser utilizado com o objetivo de desenvolver e treinar habilidades que deseja potencializar.

O sinal visual pode ser utilizado para treinar hábitos melhores e substituir os antigos, como já mencionado. Desse modo, em meio às diversas propostas, podem ser inseridos os sinais visuais para ampliar as chances de mudanças de hábitos e a forma de adquirir as conquistas. Além de contribuir com o autodesenvolvimento em todas as áreas da vida, bem-estar emocional, saúde física e espiritual, desenvolvimento intelectual, desempenho acadêmico e profissional.

O sinal visual deve ficar visível e em lugar de fácil acesso, no qual o observador passe durante o dia.

- Diminuir o hábito da reclamação por meio do uso diário de uma pulseira: dar uma puxada e soltar toda vez que reclamar.

- Ter à mão uma caneta e um papel. Faça um risco para cada reclamação, ao final do dia, contá-los. Reflita sobre o quanto isso suga sua energia, deixa desanimado e irritado.

- Relembrar do seu objetivo ou seu sonho toda vez que olhar para pulseira trará mais foco à rota traçada e mais rápido chegará ao destino.

- Desenvolver o hábito da gratidão. Ao final do dia, terá um sentimento de leveza e felicidade, pois desenvolveu a habilidade de prestar atenção no que dá certo, fez novas conexões neurais e mudou a química do seu cérebro para uma bem melhor. Assim, ficará no momento presente e a ansiedade pelo futuro será diminuída, deixando de sofrer pelo passado.

- Faça uma lista dos seus sonhos e carregue na sua carteira, leia sempre.

- Coloque em um papel sua rotina de sucesso e consulte-a diariamente, isso aumenta as chances de conquista.

- Escreva em pequenos papéis frases para impulsionar seu desenvolvimento, cole em lugares e objetos com os quais terá contato no seu dia. Leia várias vezes.

- Escolha frases para limpar algum pensamento ou emoção negativa, reprogramar, reforçar um hábito novo.

- Escreva bilhetes de acordo com o objetivo a ser alcançado e espalhe pelo seu ambiente.

- Crie um quadro dos sonhos com fotos, frases, imagens de tudo que deseja conquistar na vida, isso vai aguçar sua imaginação e despertar mais disposição e vontade de conquista.

- O sinal visual pode ser usado para tudo que deseja ser potencializado na sua vida. O importante é praticá-lo.

37

ROTINA DE ENSINO ON-LINE E HÍBRIDO

Esse novo modelo de ensino, on-line e híbrido, exige maior organização e planejamento, haja vista que os maus hábitos são fatores que dificultam a concentração, atrapalhando a aprendizagem. Assim, é necessário desenvolver um olhar mais profundo sobre essa modalidade de ensino para que seja possível inserir o estímulo certo. Muitos são os fatores que podem contribuir para a melhoria desse processo. A seguir, vamos observar o hábito da rotina e o funcionamento do cérebro em relação à aprendizagem.

Há um agente que tem muito poder sobre as decisões humanas: o cérebro. Quando se tenta estudar em casa, o cérebro começa a gerar conflitos, pois associa memórias de experiências que já possui nesse ambiente. Pensa-se, por exemplo: "casa não é lugar de estudar, mas apenas de descansar e relaxar!".

Ao fazer algo diferente em um lugar no qual possui experiências passadas, as memórias são associadas ao que se está tentando fazer. Isso leva à procrastinação e desinteresse por conta da "concorrência", tendo em vista que as outras experiências se tornaram hábitos. Dessa forma, o cérebro interpreta que as antigas atividades (isto é, descansar e relaxar) são mais importantes e tenta mudar a rota. Por isso, ao frequentar em um determinado local para praticar uma nova ação, é preciso torná-lo parecido com o ambiente em que, anteriormente, praticava essa atividade. Caso contrário, seus resultados serão perturbados.

Construir e administrar uma rotina de sucesso gera equilíbrio, podendo aumentar as conquistas de uma aprendizagem efetiva. A rotina de estudos permite a construção de um novo modelo mental. É importante seguir uma orientação geral, mas a adaptação e a flexibilização de horários devem ser consideradas individualmente, pois cada um possui crenças, valores e fisiologias diferentes. Portanto, muitas vezes, o rendimento intelectual ocorre em horários desiguais, de maneira que alguns precisem de um tempo maior, outros um tempo menor, para obter bons resultados. Tudo isso deve ser pensado para que o educando se sinta satisfeito e equilibrado.

Em uma perspectiva geral, quando for começar a rotina de sucesso, leve em consideração um prazo entre 21 e 33 dias para estabelecê-la. Para a construção de uma nova maneira de viver, precisamos instalar bons hábitos, cujo treino irá tornar a execução das ações mais fácil, até que isso aconteça automaticamente. Isso porque treinar constrói novas redes neurais, diminuindo a desmotivação.

Descubra quais são os benefícios de você desenvolver bons hábitos em uma rotina de estudo em grupo:

1. Aumentar o gerenciamento do tempo.

2. Expandir a confiança.

3. Desenvolver o foco.

4. Controlar a ansiedade e o estresse.

37.1 Melhorando o desempenho no ensino on-line e híbrido

É essencial que o professor tenha um momento específico com seus alunos para falar sobre a importância da rotina de estudos. A seguir, encontram-se algumas dicas de como os estudantes podem melhorar o desempenho durante o ensino on-line e híbrido.

- O controle de estímulos externos é um dos aspectos sobre os quais se deve atentar. Para isso, o estudante deve manter o ambiente limpo e organizado, de forma a ser o mais próximo possível de uma sala de aula. Elementos como o uso de redes sociais e jogos durante as aulas devem ser evitados, pois roubam o foco e diminuem o rendimento.

- Se já houve a tentativa de estabelecer uma rotina de estudos, pode-se listar como se deu esse processo, reconhecendo os erros e os acertos. O aluno deve responder a si mesmo as seguintes questões: "como me organizei para estudar nesses últimos meses?"; "quais foram os bons hábitos que instalei?"; e "quais foram os maus hábitos que instalei?".

- Outra opção é listar tudo o que não fazer. Assim, será possível conseguir se concentrar no que precisa fazer!

Com o levantamento desses questionamentos podemos gerar auto-conhecimento, reconhecendo o processo de aprendizagem de cada aluno de forma individualizada. Ainda, pode-se aproveitar para que, em grupo, os estudantes exponham uns aos outros suas formas de organização, os bons hábitos que instalaram, aquilo que deu certo. Esse momento de troca de conhecimentos pode gerar mais interesse e motivação.

A prática dessa dinâmica em grupo acarretará excelentes contribuições, pois muitas ideias poderão ser aproveitadas. Ademais, com os conselhos a seguir, o professor pode orientar seus alunos para começar a construir sua própria rotina:

- Organizar o local de estudo, isso irá ampliar o foco e a concentração.

- Ter um horário fixo para estudar, o que aumenta a produtividade.

- Ter um cronograma de revisão dos conteúdos estudados, ajudando a não acumular e a diminuir os riscos de ansiedade, estresse e desmotivação.

- Acompanhar as aulas junto com o professor e fazer anotações pessoais, isso irá melhorar a aprendizagem e ajudar a memória.

- As pausas entre os momentos de estudos são fundamentais. Alguns minutos de descanso e descontração podem trazer mais força para a aprendizagem.

- A fisiologia pode ser afetada com a posição que nos sentamos para estudar. Assim, colocar uniforme e tentar se sentar na mesma posição como na escola física irá garantir uma melhor aprendizagem. Colocar o uniforme e se sentar adequadamente é um comando para o seu cérebro, como se estivesse dizendo: "agora é o momento de estudar".

37.2 Checklist para os momentos de estudo

Dicas práticas e importantes que o educando deve anotar e ler por 30 dias:

- Tenha o espaço de aprendizagem organizado.

- Esteja com o material escolar separado, com antecedência, de acordo com o horário das aulas.

- Acorde mais cedo para fazer sua higiene pessoal antes de iniciar as atividades escolares.

- Use o uniforme escolar.

- Alimente-se antes do início das atividades.

- Faça pausas somente na hora do intervalo, não interrompa suas aulas.

- Tenha uma garrafinha com água por perto para se hidratar.

- Realize anotações nos cadernos durante as aulas.

- Mantenha as tarefas em dia.

- Cumpra os horários de estudo junto com o professor.

- No intervalo, aproveite para descansar os olhos da tela do computador. Vá ao banheiro, coma algo e, se possível, faça uma rápida caminhada.

38

"QI" E "QE" DEVEM ANDAR JUNTOS

Inteligência intelectual é a capacidade cognitiva do indivíduo adquirida ao longo da vida por meio da escolarização nos espaços formais e não formais, acrescida dos demais estímulos do meio em que vive e também contribuições genéticas.

O "QI" representa o quociente de inteligência intelectual, sendo demostrado por um conjunto de habilidades verbais mentais e lógico matemáticas. O desempenho cognitivo de cada indivíduo pode ser medido de acordo com termos como "IM" (Idade Mental) e "IC" (Idade Cronológica), os quais servem para relacionar a capacidade intelectual de uma pessoa e a sua idade.

Por meio da fórmula QI = 100 x IM/IC, o resultado superior a 130 indica altas habilidades e os valores igual ou menor que 79 diz respeito ao limite da deficiência intelectual. Esse teste avalia diferentes áreas do pensamento.

Sabe-se que estamos saindo do mundo da contemporaneidade e começando a trilhar o caminho rumo à complexidade, em que as formas de trabalho, de estudo, de perceber o mundo e de consumir conteúdos está acontecendo de forma rápida e diferente do que costumava ser. E se não bastasse essa complexidade, é exigido que as pessoas estejam aptas a solucionar desafios constantes, que sejam assertivas e saibam se relacionar, ter autocontrole sobre os instintos e as formas de agir.

A inteligência emocional, ou quociente emocional "QE", trata da capacidade de perceber, controlar e avaliar pensamento e sentimento, conseguindo expressar de forma mais assertiva as emoções. Trata-se de gerenciar seus sentimentos para que sejam expressos de forma mais apropriada e eficaz. Isso considerando que, ainda que a inteligência emocional possa ser influenciada por traços de personalidade, é possível desenvolvê-la por intermédio do auto-controle, do autoconhecimento e do gerenciamento das emoções.

Encontrar formas de ampliar as inteligências emocional e inte-lectual é fundamental, pois as duas devem ser trabalhadas. Assim, teremos um ser humano desenvolvido de forma integral. No entanto, não se pode esquecer que a inteligência emocional é a que contribui para desenvolver qualidades que nos tornam mais humanos.

38.1 Práticas para ampliar o "QE"

- **Autoconhecimento**: é o processo de conhecimento de si mesmo, sendo desenvolvido durante toda a vida. Nesse pro-cesso, desenvolve-se a capacidade de interpretar seus pen-samentos e sentimentos, para, assim, colocar em suas ações formas mais assertivas.

- **Autoquestionamento dos pensamentos, sentimentos e ações**: perguntar a si mesmo logo após os acontecimentos: "por que tenho estes pensamentos, sentimentos ou ações?" e "quando e por que eles se repetem?".

- **Auto-observação das percepções emocionais e físicas**: esse exercício não tem a função de exercer críticas ou des-pertar culpa sobre si mesmo. Tendo isso em mente, cada vez que for colocado em prática, deve-se lembrar que é para gerar o próprio melhoramento.

- **Observando emoções**: aflorar as emoções negativas, nomeando-as como "raiva, indignação", entre tantas que vão surgir. Deve-se observar a reação da emoção no corpo físico, quais são os pensamentos que passam na mente. Essa atividade pode durar de 5 a 10 dias, assim será pos-sível perceber quais os padrões que se repetem e qual é a emoção raiz.

- **Respiração consciente**: consulte aqui no livro, as atividades que compõem as orientações para Respiração Consciente e Meditação, pois estão sendo comprovadas com muitas pesquisas educacionais e da neurociência. Trata-se de uma forma de higiene que gera equilíbrio, organização e limpeza da mente, trazendo benefícios emocionais e fisiológicos.

38.2 Práticas para ampliar o "QI"

- Diversão, lazer e socialização são fundamentais, pois estimulam o cérebro, ajudando na higiene mental. Assim, tenha um grupo social no qual possa se relacionar com qualidade. Verifique nesse grupo quais pessoas te fazem se sentir bem e procure encontrar formas de ter mais momentos com elas. Ainda, ter um *hobby* potencializa sua criatividade, afetividade e atua na higiene mental.

- O descanso entre uma atividade e outra irá proporcionar uma melhora considerável na qualidade dos resultados, pois amplia o foco, a concentração e trazem mais vitalidade nas próximas atividades. Além disso, proporciona novos posicionamentos e formas menos reativas na hora de agir, evitando o esgotamento.

- Deve-se buscar trazer novidade para a vida, pois fazer algo novo gera desafio, o que cria redes neurais. Assim, escolha aquilo que está planejando há algum tempo e coloque em prática.

- Anotações e registros de conteúdos de estudo no papel permitem ativar memórias de aprendizagem básica, melhorando o foco e a concentração. O ato de escrever gera reflexão, o que contribui para o pensamento crítico.

39

AS EMOÇÕES AFETAM A APRENDIZAGEM

A emoção consiste na sensação física e emocional que pode ser provocada por algum estímulo, que vem de um sentimento ou um acontecimento. As emoções são um aparato, enriquecem um modelo mental e relacionamentos, portanto, não podemos ignorá-la, pois são elas que trazem o doce ou amargo ao que acontece em nossas vidas. Caso as emoções não existissem, não haveria como expressar um pensamento ou sentimento. Com isso, percebe-se a sua relevância para o ser humano.

As emoções são expressas na vida, por meio das ações, por conta das memórias emocionais. A leitura do mundo é baseada em experiências pessoais, tudo aquilo que afetou negativa ou positivamente desde a gestação. Tudo que o ser humano é se resume nas suas posturas, atitudes e formas de agir, sendo que grande parte disso foi formado nas experiências vividas na infância. Por isso, muitas vezes, o indivíduo não consegue entender o porquê de ter pensamentos, sentimentos e ações que não gostaria. Isso ocorre porque, frequentemente, as emoções que moldam as ações e decisões, são mais fortes que a razão.

A recorrência de ter os mesmos pensamentos, sentimentos e emoções negativas desenvolve padrões no cérebro, reforçando associações a experiências negativas que já foram vividas, de modo a construir um modelo mental que não traz nenhum benefício.

Uma emoção pode paralisar, diminuir o foco, a concentração e levar a uma tomada de decisão com violência física ou verbal. Os padrões de pensamentos desenvolvem os estados emocionais que roubam a cena na hora da aprendizagem, interferem na atividade mental diminuindo a capacidade cognitiva, pois desviam o foco e a concentração para preocupação com os eventos, problemas familiares, ansiedade, sentimento de não pertencimento ao grupo, entre tantos outros. Assim não conseguem absorver e nem elaborar de forma eficiente as informações, comprometendo o processo de aprendizagem.

Apesar disso, um novo modelo mental pode ser construído. Segundo a neurociência, o cérebro pode ser treinado para aprender, adaptar, organizar e estruturar, caso tenha o estímulo certo. Portanto, o indivíduo não precisa ser prisioneiro de suas emoções, pensamentos, sentimentos, formas de agir e posturas indesejadas.

39.1 Exercendo o autoconhecimento para melhorar a inteligência emocional

Volte à atividade "Práticas para aumentar o QE", que proporciona autoconsciência, ampliando a visão sobre estados emocionais.

39.2 Complete as frases

1.   O futuro se mostra _____.

2.   Hoje estou me sentindo _____.

3.   As emoções negativas me _____.

4.   A vida é _____.

5.   Acordar cedo é _____.

6.   Viver com a minha família é _____.

7.   Os sentimentos não _____.

8. Eu sou responsável pelas _____.

9. A felicidade é construída de _____.

10. Preciso me despedir de _____.

11. As emoções positivas me permitem _____

40

AUTOAVALIAÇÃO

A autoavaliação é uma ferramenta de ensino que apoia e dá suporte ao processo de aprendizagem, trazendo à tona os desafios e potenciais do que está sendo observado no momento. Tem capacidade de contribuir para a regulação do próprio processo em si. Esse instrumento contribui para uma avaliação formativa, pois cada pausa para reflexão aumenta a autorresponsabilidade e o pertencimento.

Cabe em espaços de educação formal e não formal, desde a educação infantil. Pode ser utilizada para encerramento de ciclos e começos de jornadas como um indicativo para saber onde estamos e onde desejamos chegar, e vice-versa. Tal proposta cabe ser inserida no início do ano letivo, em um novo trimestre ou semestre, entre tantos outros contextos.

A aplicação cria a visão do que se deseja ver, dá a oportunidade para mostrar o conhecido e o desconhecido do processo que está sendo refletido. Esse recurso é de apreciação, portanto, deve ser usado como uma ferramenta de intervenção pedagógica para ampliar a busca de novos caminhos. Caso contrário, pode se tornar punitivo ou somente com caráter de verificação, o que faz perder o sentido. O uso da autoavaliação traz benefícios imediatos e desenvolvimento de habilidades que vão surgir com o emprego de uma prática mais permanente.

40.1 Benefícios de fazer autoavaliação na prática da sala de aula

- Repensar o objeto que está sendo avaliado.

- Tomada de consciência, inserção de valor.

- Percepção sobre o trabalho (consegue observar o empenho).

- Interpretar a realidade por ângulos diferentes.

- Intervenção daquela realidade, fazendo os ajustes necessários.

- Perceber os avanços.

- Perceber as formas que utilizou para avançar.

- Aumentar o controle por parte do educando e diminuir o controle externo.

- Adquirir capacidade de analisar a própria conduta, bem como os pontos fortes e fracos (a verdadeira condição), desenvolvendo sentimentos de responsabilidade.

- Interpretar objeto de análise, registrando as suas próprias percepções, isto é, leitura da situação com profundidade.

- Constrói a autonomia (consegue questionar e gestar suas ações).

40.2 Descomplicando a autoavaliação

Por meio da autoavaliação, o educador tem a oportunidade conhecer e mediar todo o processo avaliado. Isso além de poder observar a individualidade de cada estudante, percebendo habilidades que precisam ser desenvolvidas.

Para construir o elemento metodológico de avaliação com qualidade, não se deve esquecer que essa ferramenta é flexível. Por essa razão, tal atividade pode ser criada por uma simples pergunta, uma roda de conversa, uma entrevista, um relatório, um questionário, entre tantos outros que podem surgir.

Um detalhe importante é que o expectador deve saber qual é o propósito do trabalho. Também, deve-se ter cuidado em organizar espaço e tempo adequados, os quais são essenciais para proporcionar qualidade à atividade. Dessa forma, o aplicador será capaz de reconhecer o melhor instrumento para cada momento. Algumas perguntas podem se fazer necessárias, diante do objeto que se deseja avaliar. Confira:

- O que eu quero que esse grupo aprecie?

- O que gostaria de regular nesse grupo?

A partir daqui, deve-se pensar em apontamentos para construir seu próprio recurso onde:

- Estimulem a reflexão, sem ser punitivo ou taxativo.

- Levantar questionamentos que indiquem as potencialidades e os desafios no objeto observado.

- Proporcionar questionamentos para que o observador consiga perceber o que ele consegue controlar. E, com isso, identificar o que está fazendo bem, o que ainda não faz, mas precisa fazer e o que não sabia que precisava fazer.

O instrumento utilizado com mais frequência e qualidade aumenta a capacidade de gerar reflexão do objeto que se está apreciando. Além disso, criará impacto para a vida, pois construirá a habilidade de avaliar os processos de aprendizagem nos seus relacionamentos, trabalho, encerramentos de ciclos e nas demais áreas da vida.

Não obstante, com essa atividade, desenvolve-se a habilidade de aumentar o gerenciamento e o gestar de suas ações, construindo autonomia e fazendo acontecer uma aprendizagem efetiva e mais humanizadora, o que leva ao desenvolvimento integral. Nesse sentido, observe a seguir algumas sugestões de instrumentos que podem utilizados para dar os primeiros passos.

40.3 Relacionamento / indisciplina

Separe o momento para que o grupo converse. Oriente uma pesquisa em sites ou assistir a vídeos predeterminados que possam contribuir de maneira efetiva. Também pode levar esses questionamentos até as famílias para conversar com elas sobre.

- Qual é a melhor forma de se viver em comunidade?

- Por que vivemos em comunidade?

- Quais os desafios que se encontram ao viver em comunidade?

- Como é possível melhorar?

Deixar que os alunos conversem e troquem ideias depois da pesquisa pronta é um exercício fundamental que vai gerar sentimento de valorização e pertencimento. Irão surgir várias sugestões de ações. É importante escolherem em grupo o que vão fazer. Quando tudo estiver decidido, o grupo pode montar um cartaz na sala, em local visível, no qual possam ter contato visual com esse material nos próximos dias, para reforçar a tomada de ação e para que se sintam incluídos nesse processo.

40.4 Participação e envolvimento

Questionário individual para depois de um momento de conversa. O questionário pode ser construído em folha com imagens de grupo interagindo, com relacionamentos positivos e negativos.

- O que é um grupo participativo?

- Das características apontadas na pergunta anterior, quais o presente grupo já possui?

- O que precisamos desenvolver para ser um grupo melhor?

- Como é a minha interação pessoal nesse grupo?

- O que eu tenho feito de bom que ajuda o meu grupo, o que eu poderia fazer melhor?

40.5 Avaliação de desempenho cognitivo-pessoal

Nesse diagnóstico, o educando irá perceber que tudo o que faz relacionado aos estudos pode afetar seu desempenho de forma positiva ou negativa. O aluno deve assinalar uma única alternativa para cada pergunta. Ao concluir a autoavaliação, contar as alternativas (a), (b) e (c), verificando qual delas se repete com mais frequência.

Ficha para o aluno

Observando meu desempenho pessoal na disciplina de
_____.

Nome _____.

Turma _____.

Data ___/___/___.

Pontualidade	Disciplina
(a) Fui sempre pontual.	(a) Sempre cumpri as regras de funcionamento da aula.
(b) Muitas vezes, cheguei atrasado.	
(c) Frequentemente, cheguei atrasado.	(b) Cumpri, na maior parte das aulas, as suas regras de funcionamento.
	(c) Perturbei, frequentemente, o funcionamento das aulas.
Assiduidade	**Empenho**
(a) Nunca faltei.	(a) Fui sempre muito empenhado nas tarefas.
(b) Faltei em poucas aulas.	(b) Nem sempre fui empenhado nas tarefas.
(c) Faltei em muitas aulas.	(c) Nunca fui empenhado nas tarefas.
Material	**Empatia**
(a) Trouxe sempre o material para as aulas.	(a) Sempre respeitei a opinião dos outros.
(b) Por vezes não trouxe o caderno ou não o deixei organizado.	(b) Nem sempre respeitei a opinião dos outros
(c) Nunca levo o material para as aulas.	(c) Nunca respeitei a opinião dos outros.

Atividade em grupo	Atividades desenvolvidas na sala
(a) Participei ativamente nos trabalhos de grupo.	(a) Sempre participei e fiz anotações durante as aulas.
(b) Participei nos trabalhos de grupo regularmente.	(b) Frequentemente participei e fiz anotações durante as aulas.
(c) Não participei nos trabalhos de grupo.	(c) Raramente participei ou fiz anotações com clareza.

Revisão de estudos para provas	Autonomia
(a) Sempre fiz revisão de estudos antes das provas.	(a) Fui sempre autônomo nas atividades.
(b) Frequentemente fiz revisão de estudos antes das provas.	(b) Nem sempre fui autônomo nas atividades.
(c) Raramente fiz revisão de estudos antes das provas.	(c) Nunca fui autônomo nas atividades.

Após ter respondido às questões, confira o resultado, segundo a letra mais repetida nas respostas.

Uma orientação para reflexão ao final da prática:

1. Assinalou "sempre" em todas ou na maioria das alternativas, então considerar: *estou me desenvolvendo bem*.

2. Assinalou "frequentemente" em todas ou na maioria das alternativas, então considerar: *preciso ajustar, revendo as formas de fazer*.

3. Assinalou "raramente" em todas ou na maioria das alternativas, então considerar: *preciso mudar. Qual seria o melhor caminho?*

REFERÊNCIAS

ALBERTI, R.; EMMONS, M. **Como se tornar mais confiante e assertivo**. Rio de Janeiro: Sextante, 2009.

BASE NACIONAL COMUM CURRICULAR. **Educação é a base**. Disponível em: http://basenacionalcomum.mec.gov.br/. Acesso em: 10 jan. 2020.

BENSON, H. O poder da mente na cura das doenças. **O Bem Viver**, 17 ago. 2017. Disponível em: https://obemviver.blog.br/2017/08/17/o-poder-da-mente-na-cura-de-doencas-o-trabalho-do-dr-herbert-benson/. Acesso em: 2 mar. 2020.

CHAPMAN, G. **As cinco linguagens do amor**. 3. ed. São Paulo: Mundo Cristão, 2013.

GLASSER, W. **Teoria da escolha**: uma nova psicologia de liberdade pessoal. São Paulo: Mercuryo, 2001.

GOLEMAN, D. **Inteligência emocional**: a teoria revolucionária que redefine o que é ser inteligente. 2. ed. Rio de Janeiro: Objetiva, 2012.

KATZ, L. **Mantenha seu cérebro vivo**. Rio de Janeiro: Sextante, 2011.

LAMBERT, E. **A terapia do riso**: a cura pela alegria. São Paulo: Objetiva, 1999.

LUZ, M. **Coach palestrante**: torne-se um profissional cinco estrelas. São Paulo: DVS Editora, 2017.

MACLEAN, P. **The triune brain in evolution**: role in paleocerebral functions. New York: Plenum Press, 1990.

SEED. **Estilos de aprendizagem**. Semana Pedagógica. 2016. Disponível em: http://www.gestaoescolar.diaadia.pr.gov.br/arquivos/File/sem_pedagogica/julho_2016/dee_anexo1.pdf. Acesso em: 15 jul. 2021.

SELIGMAN, M. **Felicidade autêntica**: usando a nova psicologia positiva para a realização permanente. Rio de Janeiro: Objetiva, 2004.

REFERÊNCIAS BIBLIOGRÁFICAS CONSULTADAS

ACHOR, S. **O jeito Harvard de ser feliz**. Disponível em: https://files.cercomp. ufg.br/weby/up/58/o/O_Jeito_Harvard_de_Ser_Feliz_-_Shawn_Achor.pdf. Acesso em: 20 jan. 2020.

CASEL. **Resources**: Infographics. Disponível em: https://casel.org/resources--infographics/. Acesso em: 25 fev. 2019.

CASEL. **Resources**: Guides. Disponível em: https://casel.org/resources-guides/. Acesso em: 13 nov. 2020.

CASEL. **Middle School SEL Resources**. Disponível em: https://casel.org/middle-resources-2/. Acesso em: 3 nov. 2020.

CERQUEIRA, T. C. S. **Estilos de aprendizagem em universitários**. 2000. Tese (Doutorado em Educação) – Faculdade de Educação, Universidade Estadual de Campinas. Campinas, 2000.

MENEZES, C. B.; DELL'AGLIO, D. D. Os efeitos da meditação à luz da investigação científica em Psicologia: revisão de literatura. **Revista Psicologia: Ciência e Profissão**, [s. l.], 2012.

MINISTÉRIO DA SAÚDE. **Guia alimentar**: como ter uma alimentação saudável. Brasília: 2013. Disponível em: https://bvsms.saude.gov.br/bvs/publicacoes/guia_alimentar_alimentacao_saudavel_1edicao.pdf. Acesso em: 4 abr. 2020.

SELIGMAN, M. **Florescer**: uma nova compreensão sobre a natureza da felicidade e do bem-estar. Rio de Janeiro: Objetiva, 2011.

SOARES, N. Gratidão: um grande benefício à saúde da mente. **Clínica Cuidarte**, 2020. Disponível em: https://clinicacuidarte.com.br/gratidao-um-grande-beneficio-a-saude-da-mente/. Acesso em: 13 abr. 2020.